U0893039

这沙这水这地方

魅力内蒙古等你来

殷耀　于嘉／著

内蒙古人民出版社

图书在版编目（CIP）数据

这沙·这水·这地方：魅力内蒙古等你来 / 殷耀，于嘉著. — 呼和浩特：内蒙古人民出版社，2023.6
ISBN 978-7-204-17313-6

Ⅰ. ①这… Ⅱ. ①殷… ②于… Ⅲ. ①内蒙古－概况 Ⅳ. ① K922.6

中国版本图书馆 CIP 数据核字（2022）第 250800 号

这沙·这水·这地方——魅力内蒙古等你来

作　　者	殷　耀　于　嘉
责任编辑	王　静　孙红梅
封面设计	安立新
音频录制	孙红梅　海　清
视频制作	宝音图
出版发行	内蒙古人民出版社
地　　址	呼和浩特市新城区中山东路 8 号波士名人国际 B 座 5 楼
网　　址	http://www.impph.cn
印　　刷	内蒙古恩科赛美好印刷有限公司
开　　本	880mm×1230mm　1/32
印　　张	7.25
字　　数	150 千
版　　次	2023 年 6 月第一版
印　　次	2023 年 6 月第一次印刷
书　　号	ISBN 978-7-204-17313-6
定　　价	38.00 元

如发现印装质量问题，请与我社联系。
联系电话：（0471）3946120

扫码获取
配套视听资源

序

20 世纪 60 年代初，著名作家老舍先生这样描写内蒙古：“青山白水，开扩胸襟，工农林牧俱兴，文教卫生齐进。”向世人展现了一幅北疆万里风情图。今天的内蒙古呈现在我们面前的是一道北疆亮丽风景线，可谓“神州北望风光好，万里江山更壮阔”。本书将带您走进生态类型多样、自然资源富庶、历史底蕴丰厚、文化多姿多彩的内蒙古。

内蒙古拥有森林、草原、湿地、河流、湖泊、沙漠等多种自然形态。

大兴安岭，每天最先从睡梦中苏醒的地方，这里松青桦洁、万山耸翠，铺排着无尽的绿色。清朝诗人查慎行看到这里“半岭出云铺大漠，乔松落叶倚高寒”的景象后，不禁惊叹：“丹青不数东南秀，俯仰方知覆载宽。”大兴安岭宛若一道天赐的屏障，山脉的两端分布着东北平原、三江湿地和呼伦贝尔大草原。松涛涌动、满山流翠的大兴安岭，涵养着“肥得流油”的松嫩平原和绿得醉人的呼伦贝尔大草原，构成了叶圣陶笔下“母林绿暗幼林鲜，嫩绿草原相映妍”的奇特秀美风光。

“巍巍兴安岭，滚滚呼伦水。千里草原铺翡翠，天鹅飞来不想回……”一曲《呼伦贝尔美》唱出呼伦贝尔草原的美丽。这片草原位于大兴安岭以西，由东向西呈规律性分布，地跨森林草原、草甸草原和干旱草原三个地带，是世界著名的天然牧场。这里地域辽阔、风景怡人，是一片难得的绿色净土。

内蒙古最西端的阿拉善又有着另一番景色。“沙海绿洲清泉，天鹅留恋金色圣殿。苍茫大地是家园，心中思念直到永远……”一曲《苍天般的阿拉善》唱出大漠的神奇和秘境的苍茫。阿拉善干旱少雨，沙化较为严重，但恶劣环境和艰苦条件没有击碎人们建设绿色家园的梦想。20世纪末以来，阿拉善20多万名干部群众坚定“人进沙退”的决心，通过锁边植树、飞播造林科学治沙，有效阻止乌兰布和、巴丹吉林、腾格里三大沙漠“握手会合”，绿洲面积不断扩大。

内蒙古自然资源十分丰富。因地域辽阔，这里成矿地质条件优越，矿产资源丰富。全区有100多种矿产的保有资源量居全国前十位，特别是煤炭、铅、锌、银、稀土等20多种矿产的保有资源量居全国第一位，在保障国家能源安全、畅通经济大循环上发挥了积极作用。

鄂尔多斯盛产煤炭，温暖了大半个中国。近两年，鄂尔多斯完成国家交付的十几个省区市的煤炭保供任务。当地还着力发展现代能源经济，从简单的“挖煤卖煤”转变为以煤为基，推动煤化工产业高端化、多元化、低碳化发展。

不只“脚下有煤炭”，内蒙古还“头顶有风光”。这里拥有全国一半以上的风能资源和超过四分之一的太阳能资源。近年来，全区“追风逐日”，计划到 2025 年新能源装机超过火电装机，到 2030 年新能源发电量超过火电发电量。

内蒙古还是国家重要的“粮仓”“肉库”“奶罐”“绒都”。全区耕地面积 1.7 亿亩，居全国第二，2021 年外调粮食量居全国第四，羊肉、牛肉、牛奶、羊绒产量分别约占全国的五分之一、十分之一、五分之一、二分之一，农牧业资源十分丰富。

为何说内蒙古历史底蕴深厚？其中一个缘由是这里为中华民族的发祥地之一。分布在赤峰等地的红山文化出现在距今约 6500 年至 5000 年前，是华夏文明最早的遗迹之一。红山文化是多元一体的中华文明重要源头，也是中华文明重要的地域性文化，在中国考古学史上有着独特的贡献，为中华文明多元一体格局奠定了坚实的基础。

内蒙古也曾是中国古代北方少数民族主要的活动舞台，有 10 多个游牧民族在此繁衍生息。创立北魏的拓跋鲜卑在定都平城（今山西大同）之前，就是从内蒙古大兴安岭一路南下的。拓跋鲜卑早期生活在大兴安岭嘎仙洞一带，他们历经巍巍兴安岭、滚滚呼伦水、茫茫敕勒川，筚路蓝缕、披荆斩棘，从森林到草原，再到中原一带，不断迁徙与发展。

在北方各民族的兴衰更替中，农耕文明与游牧文明不断碰撞交流、走向融合，形成了多姿多彩的文化形态。

历史上我国北方地区重要的移民活动“走西口”使内蒙古形成了独特的“西口文化”。“走西口”移民吸收蒙古族文化，将村庄的名字命名为“板升”“板申”（简称“板”），所以在今天的呼和浩特，有很多以蒙古语音译词“板”命名的村庄。又如在内蒙古中西部广泛流传的漫瀚调就是蒙古族短调民歌与汉族爬山调融合的产物。

此外，格斯尔、潮尔道、火布斯等音乐艺术，以及贵由赤等体育活动，体现了历史文化与当代文化的有机结合。这些文化形态保存并流传至今，丰富了中华文化的历史内涵。

内蒙古的魅力说不尽、道不完，这里的人们淳朴、豪爽、热情，只有您亲自到访，才能真切体会到。欢迎您走进这片环境优美、物阜民丰、人文荟萃的热土，领略祖国北疆各族儿女共同打造的亮丽风景。

目录

这沙·这水·这地方
——魅力内蒙古等你来

本书配套资源

- **配套电子书** 线上阅读本书，速览书中内容
- **配套视听资源** 编辑精制，独家音频+视频资源

内蒙古好风光

- 看内蒙古壮美景观，享美丽风景

旅 游 攻 略

- 旅游攻略汇总，畅游内蒙古

微信扫码

写下你的【阅读感受】

呼和浩特：

壮似阴山歌敕勒

扫码获取
配套视听资源

呼和浩特：
壮似阴山歌敕勒

呼和浩特，蒙古语，意为“青色的城市”，简称“青城”。我已经在这座城市生活了二三十年，渐渐喜欢上了它。

有一个笑话：呼和浩特人爱喝酒，喝酒前说“我是呼和浩特的”，喝多了说“呼和浩特是我的”。城市是有性格的，就像这个笑话所体现的，呼和浩特人性格粗豪率真、热情奔放。“敕勒川，阴山下。天似穹庐，笼盖四野。天苍苍，野茫茫，风吹草低见牛羊。”这首北朝民歌描绘了当时呼和浩特地区的景象。

“中洲万古英雄气，也到阴山敕勒川”，呼和浩特的这种天地英雄气由来已久。早在战国时，北方地区的赵武灵王冲破传统观念，实行“胡服骑射”，把游牧部落驱逐到阴山以北，在呼和浩特一带设云中郡，云中郡成为中原王朝在此设置的第一个行政建制。自此，呼和浩特地区以“云中”著称。

赵国为防御游牧民族南下，还在阴山南麓修筑长城。在今呼和浩特西北部的东乌素图村，修建于2000多年前的赵北长城依稀可辨。沙土质的长城上，古木傲然挺立，留下了岁月的印痕。

位于呼和浩特西北郊乌素图召北侧的赵北长城沿线的烽燧（翟禹 摄）

秦灭六国后，将原秦、燕、赵三国的长城增修连接起来，形成了万里长城。它在呼和浩特的一段，基本上就是赵长城那一段。如今，生活在呼和浩特北郊的一些老人还传诵着“秦始皇走马修边”的故事。

到了西汉，呼和浩特仍属云中郡。关于云中郡，古人为我们留下了诸如“朝入云中郡，北望单于台”等诗词佳句，但我激赏的是苏东坡《江城子·密州出猎》中的“持节云中，何日遣冯唐”。颇有作为的云中太守魏尚为争军功，将斩杀敌人的数量多报了6人，汉文帝便把他免职并处刑一年，

8世纪鲜卑出行彩绘木版画

冯唐据理说服汉文帝，汉文帝马上任命冯唐为特使，到云中郡赦免了魏尚。《史记·张释之冯唐列传》记载了这件事。经过古城镇时，我们仿佛看到了历史深处这样的一幕：手持天子符节的冯唐从长安跋涉而来，满城百战能胜的士卒为平日体恤他们的太守魏尚遇赦荷甲而舞，欢声雷动。

翦伯赞先生在《内蒙访古》中写道："阴山以南的沃野不仅是游牧民族的苑囿，也是他们进入中原地区的跳板。"中国古代北方游牧民族在这块巨大的"跳板"上，繁衍生息，创造文明。

魏晋南北朝时期，在这里活动的民族主要是鲜卑和敕勒。公元258年，拓跋鲜卑在盛乐（今呼和浩特市和林格尔县一带）举行部落酋长祭天大会，建立都城。大青山以南的一片草原被称为"敕勒川"，著名的《敕勒歌》就诞生于此。

北魏从盛乐迁都平城（今山西省大同市），实现了从塞外草原游牧政权到中原王朝的嬗变。孝文帝迁都洛阳，为成为大一统的王朝奠定了基础。之后，北魏分裂演变为北齐和北周，北周灭北齐，杨坚篡北周后统一南北，肇基隋朝，开启了大一统的隋唐盛世。

北魏《敕勒川狩猎图》壁画

陈寅恪先生在《李唐氏族之推测后记》中写道："李唐一族之所以崛兴，盖取塞外野蛮精悍之血，注入中原文化颓废之躯，旧染既除，新机重启，扩大恢张，遂能别创空前之世局。"这"塞外野蛮精悍之血"就来自这一片草原，这一片沃土。从北魏到隋朝，王朝更迭，不少帝王将相来自今呼和浩特市武川县、和林格尔县和托克托县。

"野蛮精悍之血"，在我看来是一种尚武精神。边地自古出英雄，妇女也矫健豪爽，这从妇孺皆知的《木兰辞》中就可窥见一斑。还有一首北朝民歌《李波小妹歌》："李波小妹字雍容，褰裙逐马如卷蓬。左射右射必叠双。妇女尚如此，男子安可逢。"如今，这种尚武精神演变成了北方女子的豪爽性格。

"岁岁金河复玉关，朝朝马策与刀环。三春白雪归青冢，万里黄河绕黑山。"这是唐代诗人柳中庸的《征人怨》。金河、青冢、黑山都在呼和浩特境内。我一直怀疑玉关或许是榆关，榆关就在呼和浩特市区和托克托县一带。

在呼和浩特这片土地上，有一个人，人们不会忘记——王昭君，青城千古，青冢千古。昭君出塞，远嫁异族，播下和平睦邻的种子，对当世及后来民族的平等团结产生了深远影响。历代文人极尽想象之能事，描写“昭君不惯胡沙远”的一面，但董必武先生的《谒昭君墓》另辟蹊径：“昭君自有千秋在，胡汉和亲识见高。词客各摅胸臆懑，舞文弄墨总徒劳。”如今，“青冢拥黛”已成胜景。除此之外，呼和浩特有昭君路，还有“昭君羊绒衫”等品牌。

《昭君出塞图》（金 · 张瑀 绘）

呼和浩特兴安南路立交桥夜景（任军川 摄）

呼和浩特从军事重镇到商贸中心的转变，是从辽金元开始的，这一时期，在今呼和浩特东郊白塔村一带设立了丰州。到了元代，这里贸易活跃，商业兴旺，各族人民和睦相处。元代学者刘秉忠《过丰州》中的“车马喧阗尘不到，吟鞭斜袅过丰州”，描绘了商贸兴旺、清秋扬鞭、歌谣慷慨、炊烟斜袅的城市盛景。明初，元室后裔首领达延汗统一蒙古各部，他的孙子阿拉坦汗在嘉靖年间率部驻牧丰州一带，仿元大都建了一座新城——库库和屯，蒙古语意为“青色的城”，就是今天的呼和浩特。

粗犷尚武的地区性格在民族交融中又赋予了呼和浩特包容大气的气质。明末清初，山西等地的人们背井离乡，“走西口”到塞外经商，促进了呼和浩特地区经济的繁荣，密切了各族人民的交往。除了经商，不少移民还盖房垒院，在这里安家落户，辛勤耕作，使塞外单一的游牧经济逐渐转变为农耕与游牧并重。

“走西口”移民不仅带来了中原地区的特色曲艺，还带来了晋陕的特色美食。如果你在我的家乡托克托县的农家做客，就会吃到用糜米制作而成的酸粥。相传，酸粥最初流行于山西河曲，也是由“走西口”移民带来的。

饮食方面各民族相通，各族群众互相包容，连地名也体现了各民族文化的兼容并蓄。例如，在呼和浩特，有很多村名里含有“板”字，“走西口”移民将自己搭建的住宅或凿制的窑洞称为“板升”或“板申”，简称“板”，并以此命名村庄。“板升”“板申”“板”是蒙古语音译词。呼和浩特东南部的和林格尔县就有公布板、姑子板等村。

炒酸粥（田宏利 摄）

呼和浩特人都盼着城市更漂亮。小时候，我在家乡只见过杨树、柳树、榆树和一些夏果树。1993 年大学毕业来到呼和浩特，看到的也常是那些树，只多了松树和丁香。现在的呼和浩特真像一座森林里的城市。以往，市民赏桃花主要是去公主府公园。如今，呼和塔拉万亩草原、成吉思汗公园、草原丝绸之路文化公园等如雨后春笋般冒出来，一个比一个漂亮。绿地越来越多，我们喜欢这种城市中有草原的感觉。

站在城东北的呼和塔拉万亩草原上，风吹草低见到的不再是牛羊，而是一座壮美的现代都市。《敕勒歌》穿越千年，在耳畔响起：“敕勒川，

阴山下。天似穹庐，笼盖四野……”风景千年殊，不变的是生活在这片土地上的人们的豪情，有了这豪情，城市的未来将更加壮阔。

呼和塔拉会议中心（怀特乌勒斯 摄）

包头：

『草原钢城』气似虹

扫码获取
配套视听资源

包头：
“草原钢城”气似虹

老舍先生在《内蒙风光》中写道：“北枕青山，南面黄河，这是包头的气势！”包头曾经是“呦呦鹿鸣，食野之苹”的“有鹿之地”，不同时期的包头展示给世人的是不同的名片。

说起内蒙古各盟市的名气，包头的名气比首府呼和浩特要大。过去几十年，包头一直是内蒙古最大的城市，上交利税居全自治区榜首，人们称它为“包老大”。这从侧面体现了包头的城市性格：包容大气。这座城市的大度，要从殷商时期说起。

殷商西周时期，包头一带是鬼方等少数民族的活动范围。赵武灵王在此筑九原城，秦设九原郡，北魏设怀朔镇。五代后，这里属辽统治，设云内州，一直沿袭至金元。后来，蒙古各部落陆续进驻河套，今包头地区成为土默特部落游牧之地。清乾隆年间，这里开始形成村落。此后，汉、蒙古、回、满等各族人民在此繁衍生息，这片土地逐步由村发展成镇、县、市。

包头的气势从哪里来？诚如老舍先生所言，首先从青山、黄河来。大青山如古铜色的屏风安放在包头的

南北朝马头鹿角形金步摇

城北，山旮旯里有秦汉长城的遗迹，有北魏六镇之首怀朔镇旧址。包头南面是黄河，黄河南面便

位于包头市固阳县的康兔沟段秦长城（高晓梅 摄）

是广袤的鄂尔多斯高原。外地人不清楚，以为鄂尔多斯境内的响沙湾旅游景区、恩格贝生态旅游区在包头境内。

九曲黄河冲波逆折而下，一路从河套平原东下来到包头。历史的脚步来到近代，西接河套、东连绥远的包头占尽地利，水陆交通条件极为便利，成为畜产、皮毛、粮食等商品的中转地和集散地，中原地区的商品经过这里，被运往新疆等省市自治区和蒙古国、俄罗斯等国家。大批“走西口”移民西进北上，来到包头谋生创业，或以包头为跳板，继续前往河套等地。包头这片土地上，包容着东来南进向它涌来的人们，这是包头地区第一次大规模的民族交融。

当时，很多“走西口”移民在包头落脚，做起了生意。二人台曲目《走西口》中有这样几句：“远离家乡忻代州，学会蒙话草地走。换回皮毛赚大钱，千里迢迢奔包头。”走在包头市东河区，会听到有人说：“我们祖辈就是‘走西口’过来的。”人口流动带动了文化传播，促进了包头与其他地区的交流，增进了各民族之间的感情，宽厚、豁达的品格也越传越广。

包头市北梁新区（马建荃 摄）

包头的老北梁是明清时期“走西口”移民后代的聚居地。由于离黄河近，为了防范水患，人们将居住地选择在梁上。在这片“七沟八梁”、地势忽高忽低、平房密密匝匝的13平方公里的土地上，长期居住着12万多人。我曾在这里采访老居民，他们有的说山西话，有的说河北话，有的操陕北腔，和谐地在一起拉家常。这个全国最大的集中连片棚户区拆迁时，我看到好几个老商号的旧址，青砖碧瓦能让人想象到大院主人当年的气派。

“走西口”毕竟是一部辛酸的移民史，“草原稀土城”的名头无疑比“走西口码头”更响亮。包头的名字常常和稀土连在一起，储量居世界第一的稀土资源是大自然对包头的恩赐。当年，成吉思汗的铁骑在白云鄂博驰骋时，强大的磁力使战马驻足不前。牵引成吉思汗坐骑铁蹄的稀土矿，也吸引了全世界的目光。1927 年，风华正茂的地质学家丁道衡宣告白云鄂博矿出世，此后，稀土的研究使几代科学家痴迷。

包头的气势从中华人民共和国成立后包钢的建设开始。“一五”期间，我国不仅要扩建当时最大的钢铁基地鞍钢，还着手兴建武钢和包钢两个新的钢铁基地。1956 年，包钢准备开发白云鄂博矿，这里是蒙古族牧民传统放牧地，草原英雄小姐妹龙梅和玉荣后来就是在这片草原上保护羊群。白云鄂博还有祭祀的敖包，被当地牧民视为神山。为了支持包钢，牧民们展现出了大度与包容，让出了这座神山。全国各地也纷纷支援包钢建设。

二十世纪五六十年代的包钢小高炉

SMS
SIEMAG
SMS group

包头钢铁（集团）有限责任公司稀土钢板材有限责任公司热轧生产线
（任军川 摄）

随着包钢等项目的建成投产，包头递出了第一张既响亮又现代的名片——“草原钢城”。包钢是内蒙古工业的起点，从这里出发，内蒙古开始告别“畜牧业王国”的称谓，奠定了内蒙古“东林西铁、南粮北牧”的经济版图。直到如今，包头人还为“草原钢城”的名片自豪，全国各地人的到来，也使包头变得更加多元、开放，气势更加恢宏。

著名作家玛拉沁夫年轻时初到包头，成为白云鄂博铁矿的一名普通工人，他“每天早晨迎着朝阳”上班，体会到“整个城市都处在一种奔跑的状态”，创作出了唱响全国的《草原晨曲》。这部脍炙人口的作品，让人们感受到包头这座城市所散发出的独特魅力。

包头的气势还从城市建设来。包头是苏联专家设计规划的框架，到过包头的人都会说，城市格局大、规划好，发展有足够的预留空间。可 20

包头城市景观（何少华 摄）

世纪50年代包头建设初期，社会上流传着“包头城建有三怪”的说法：一个城市三大块，文化宫建在荒郊，火车站建在野外。听当地人讲，“三大块”是指昆都仑区、青山区和东河区各自独立；“文化宫建在荒郊”，是说当时三条干道交汇处仅建一个文化宫，周围没有任何建筑，距离市民生活区比较远；“火车站建在野外”，是说包头火车站距离城市中心7公里，附近没有任何建筑，

包头市民在赛汗塔拉城中湿地草原的林间散步。（李志鹏 摄）

人烟稀少。直到20世纪90年代中后期，包头的城市建设步伐加快，火车站与市区连成一片，预留空间的优越性才日益显现。

如今的包头，城市建设疏朗大方、气度不凡，外地人到包头，感觉不到喧嚣和拥挤；城市空间

布局合理，“一城三点”（“三点”即昆都仑区、青山区、东河区）式的带状分布，半个多世纪以来没有发生较大变动。6车道、8车道的公路纵横交织，车行其上，十分畅快。特别是从包头火车站走出时，看到敞亮气派的站前广场、秩序井然的公交车和出租车，以及快速、有序分流的旅客，心里就觉得舒坦，用当地话说，“展油活水”（地方宽敞舒适之意）的。

留出足够空间兴建公园、广场，是人们对包头的普遍感受。这些公园、广场犹如珍珠镶嵌在道路两侧，星星点点，错落有致。昆都仑河、二道沙河等水系与道路纵横交错，构成一幅生动的图画。环境这么好，获得联合国人居奖、国家森林城市等荣誉也就不意外了。

生活在优美的环境里，整个人也变得诗意起来。从上海到包头支边的散文家、诗人许淇也许不会想到，“只有风沙、黄土伴着寂寞的斜阳”

的这片土地，给他提供了丰富的创作源泉。他的《大青山赞》《钢铁大街》等作品，深深烙上了包头的印记。

如果说城市舒展、宽阔是包头的容貌，那么包容、大度就是这座城市的性格。走在包头的大街小巷，既能听到来自东北的“大楂子”味儿，又有西部的“亲圪蛋”音儿不时传来。有巴彦淖尔的朋友说在包头“混得不赖”，也有赤峰的朋

包头乐园全景（李强 摄）

友说在包头“整得挺好”。

无论是金戈铁马的古代、“走西口”移民涌入的近代，还是八方支援的现代和厚积薄发的当下，包头的大门始终是开着的，不同人、不同民族交往、交流、交融，推动着历史进步的车轮，这座城市正发生着日新月异的变化。

呼伦贝尔：

天鹅飞来不想回

扫码获取
配套视听资源

呼伦贝尔：
天鹅飞来不想回

“巍巍兴安岭，滚滚呼伦水。千里草原铺翡翠，天鹅飞来不想回……”

这首传唱40年左右的歌曲《呼伦贝尔美》道出了呼伦贝尔的雄奇与多彩。山峰与川谷共存，河水与湖泊并生，汉族、蒙古族、鄂伦春族、鄂温克族、达斡尔族等多个民族共同生活在这里。我们曾多次造访呼伦贝尔，仍觉得常去常新，还有很多值得去探索、品味。

一说起呼伦贝尔，人们最向往的当属大草原了。这里的天蓝蓝的，宽阔，辽远；这里的草绿绿的，舒展，无边……一群群牛羊在蓝天碧草间缓缓移动，安闲随意，恬静悠然；一匹匹骏马自由不羁，奋蹄奔跑；一座座蒙古包星星点点，在阳光的照射下格外耀眼；一首首马头琴曲和长调此起彼伏，宽厚悠扬。这些都是草原上的“精灵”，它们组成一幅如梦如幻、动静结合的美景图，令人沉醉、流连。

呼伦贝尔草原莫日格勒河畔的马群（金峰 摄）

羊群在呼伦贝尔大草原上觅食。（连振 摄）

半个多世纪前，老舍先生初抵呼伦贝尔大草原，发出诸多感慨："那里的天比别处的天更可爱，空气是那么清鲜，天空是那么明朗，使我总想高歌一曲，表示我的愉快。在天底下，一碧千里，而并不茫茫。四面都有小丘，平地是绿的，小丘也是绿的。羊群一会儿上了小丘，一会儿又下来，走在哪里都像给无边的绿毯绣上了白色的大花。那些小丘的线条是那么柔美，就像没骨画那样，只用绿色渲染，没有用笔勾勒，于是，到处翠色欲流，轻轻流入云际。"

深入陈巴尔虎旗腹地，就会看到被誉为"天

下第一曲水”的莫日格勒河。它像一条被劲风吹动着的蔚蓝色绸带，悠然飘落在碧绿如玉、平坦无垠的草原上，一会儿东行，一会儿西走，一会儿南奔，一会儿北进。这天地间悠悠的流水，会让人觉得有一种温馨在心底流淌。

在呼伦贝尔草原上，不仅能领略河流蜿蜒的柔美，还可以感受大湖浩瀚的壮阔。走到新巴尔

额尔古纳湿地景区（于嘉 摄）

呼伦湖（徐钦 摄）

虎右旗一处名为金海岸的地方，就会看到波光粼粼、不见边际的呼伦湖，它的面积比两个香港还大。站在湖畔环顾四野，只见湖天一色，白云悠悠，牧草平铺，牛羊成群，湖中鸥鹭盘旋，烟波浩渺，清风徐来，浪花拍岸，犹如驻足于大海之滨，令人叹为观止。

关于呼伦湖，当地人还给我们讲了一个美丽的传说。

很久以前，南山神和北山神打赌在九九八十一天内各开出一条大河，谁没有完成谁就将遭受厄运。两位山神打赌的事儿被他们的儿女知道了。南山神的儿子叫贝尔，北山神的女儿叫呼伦，他们倾心相爱，早已订下终身誓约。两人为了让父辈相安无事，便决定分头在南北两边各找一个泉眼，开出两条河，让其中一条从南往北流，另一条从北往南流，双方分不出输赢。功夫不负有心人，两人各自找到了泉眼，开掘出的清泉水越冒越旺，不久都变成了大湖。因为南边的湖是贝尔开掘的，人们就叫它贝尔湖；北边的是呼伦开掘的，就被称为呼伦湖。南北两湖的水对流形成乌尔逊河。这样一来，两位山神的矛盾就化解了，呼伦贝尔的水草也日益丰美。

茫茫林海是呼伦贝尔的又一美景。大兴安岭这条从东北伸向西南的广阔山脉，巍峨，磅礴，翠绿，蜿蜒，把呼伦贝尔分割为东西两部。夏季前往，无论在东麓还是西麓，目力所及，到处都

呼伦贝尔境内的白桦林（于嘉 摄）

是绿的，林子边缘满是葱翠的白桦，再往深处走，便有落叶松等高大树木密布着。绿的层次极其分明，青绿、碧绿、墨绿，最后是黑绿。老舍先生有诗云："高岭苍茫低岭翠，幼林明媚母林幽。"正是对大兴安岭层林尽染的生动写照。

走在林间，杜鹃花、大红花、芍药花……茁壮茂盛，如玉似箔。还有鲜嫩的山蘑菇，味道甘甜的高粱果，又香又脆的偃松塔，从山里的沟壑流出的清泉发出清脆响亮的叮咚声，在纯净的泉水中，一眼就能看见水下的粒粒金沙。

呼伦贝尔的自然景观令人震撼，人文底蕴更让人称奇。翦伯赞先生曾说，呼伦贝尔草原“一直是游牧民族的历史摇篮。出现在中国历史上的大多数游牧民族：鲜卑人、契丹人、女真人、蒙古人都是在这个摇篮里长大的，又都在这里渡（度）过了他们历史上的青春时代”。

位于额尔古纳河右岸的室韦小镇及其周边地区是蒙古族祖先之一蒙兀室韦部落的驻地。《蒙古秘史》中关于蒙古族祖先的记载没有追溯到遥远的古代，而是从唐朝时的蒙兀室韦写起。虽然先祖没有留下多少遗迹，但当地通过内蒙古蒙古

族源博物馆等的兴建，向世人展示蒙古族的发展历程。

我们还探访过拓跋鲜卑先祖的居住地嘎仙洞。这座洞穴藏于大兴安岭一处山谷的峭壁上，缓步登上20多米的石阶,便到达洞口。向洞内望去，幽暗深邃，石壁平整,如一座大厅，似乎能容纳上千人。洞内最宽阔处东西宽近30米，高可达20米,洞中央有一块天然大石板,好似石桌。石板下有烟熏痕迹，当地人说，石板可能最早用于取火加温，后期被人们用来祭拜祖先。

向洞中走十几步，便看到西侧石壁旁立着一块刻满文字的黑色大理石碑，上面刻有19列201

额尔古纳室韦农牧场奥洛契庄园（刘磊 摄）

个字，字体介于隶书和楷书之间，这是刻于北魏太武帝拓跋焘太平真君四年（公元 443 年）的摩崖石刻祝文，其原文磨刻在一旁的石壁上，为避免风化等损坏，已被封存保护，无法看到其原貌了。

该祝文是1980年考古工作者米文平发现的，祝文内容与《魏书》中的记载基本一致，反映了北魏皇帝的先祖在大兴安岭游猎和南迁的历史情况。

公元443年，北魏第三代皇帝拓跋焘为感谢先祖之灵，特派中书侍郎李敞等人从平城（今山西大同）跋山涉水来到嘎仙洞，进献牛羊等祭品，祭拜先祖，并将拓跋焘的祭文刻在石室的西壁上。

以前，嘎仙洞遗址只是一个石洞、一条小河、一个传说，是一瓶矿泉水喝一半就能看完的景点。如今，景区内建设了拓跋鲜卑历史文化园等项目，前来探秘、体验的中外游客越来越多。

对于鄂伦春族、鄂温克族等分布在呼伦贝尔的人口较少民族的形成与发展，

嘎仙洞外景观（于嘉 摄）

翦伯赞先生认为：“假如呼伦贝尔草原在中国历史上是一个闹市，那么大兴安岭则是中国历史上的一个幽静的后院。重重叠叠的山岭和覆蔽着这些山岭的万古常青的丛密的原始森林，构成了天然的障壁，把这里和呼伦贝尔草原分开，使居住在这里的人民与世隔绝，在悠久的历史时期中，保持他们传统的古老的生活方式。”

多年前深居山林的鄂伦春族、鄂温克族等人口较少民族，如今有了更多自主选择生活方式的机会，有人进城工作，也有人喜欢住在山上，就地取材，经营起猎民旅游点。

我们曾深入根河市敖鲁古雅鄂温克民族乡，体验猎民的生活。初入密林深处，碰巧遇到用树枝和蒿草拢蚊烟的猎民布冬霞，正为一旁休息的40多头驯鹿驱赶蚊虫。拢蚊烟，喂豆饼，吹哨寻鹿……是布冬霞和她丈夫肖良库每天的“必修课”，他们以放养驯鹿为生，在一年四季的山林生活中，沿袭敖鲁古雅鄂温克民族的文化与习俗。比如，

敖鲁古雅鄂温克民族乡的猎民在拢蚊烟，防止蚊虫叮咬驯鹿。（于嘉 摄）

他们仍用桦树皮和树木枝干搭建圆锥形的传统住所——撮罗子。

在多彩的呼伦贝尔，会经常有不同的自然风景来冲击视觉，有丰富的历史文化来激发好奇心，让人们在匆忙烦冗的生活中，暂时放空自我，去寻找属于自己的心灵家园。

兴安盟：

物阜民丰生态美

扫码获取
配套视听资源

兴安盟：物阜民丰生态美

“走上这呀高高的兴安岭啊，我瞭望南方啊，山下是茫茫的草原噢，它是我亲爱的家乡噢……”

每当听到这首《走上这高高的兴安岭》，就按捺不住对兴安岭的向往，心儿飞上了巍巍高山，飞到了茫茫草原。

大兴安岭东北起黑龙江南岸的漠河，西南止于内蒙古中部的西拉木伦河上游的河谷，是内蒙古高原和松辽平原的分水岭。被大兴安岭纵贯的内蒙古兴安盟也取“兴安”二字，“兴安”为满语，意为“丘陵”。

这里不仅有叠嶂山峦、挺拔奇峰、连绵丘陵，有高山平湖、密林飞瀑、奇异矿泉，更有闪耀在内蒙古发展长河上空的熠熠星光。

在兴安盟行政公署所在地乌兰浩特，一座2层的青砖起脊建筑显得格外庄严，引人注目，坐东朝西的正门牌楼上方题有“五一会址”四字。

这里是内蒙古自治政府的诞生地。我们怀着敬仰的心情走进会址，略暗的灯光下，一排排栗色长桌延伸至主席台，两侧墙壁上挂着当时晋冀鲁豫边区、陕甘宁边区等送来的祝贺锦旗，一切

五一会址（徐钦 摄）

都是那么肃穆。

讲解员说，会址的布置尽量保留历史原貌。

1947年4月23日至5月1日，在党中央第一代领导人的英明决策下，内蒙古各族各界代表在这里召开了首届内蒙古人民代表会议。5月1日，内蒙古自治政府在此宣告成立。内蒙古也就成为中华人民共和国实行民族区域自治制度的新起点。

1947年4月29日，内蒙古人民代表会议选出临时参议会。图为部分参议员合影。

如今，乌兰浩特的一些八旬老人还会唱起内蒙古自治政府成立之初传唱的“流行歌曲”：“起来，蒙汉的人民，我们要团结一心。我们同是受苦受难的奴隶，我们同是受人宰割的羊群……快把手拉起，快把脚放齐，跟着鲜明的旗帜，创造我们美好的大家庭。”

我们还得知，五一会址在 1987 年、1997 年、2007 年经历过 3 次改造，2017 年为庆祝内蒙古自治区成立 70 周年，还进行了一次充实完善，当地按照修旧如旧，不破坏历史风貌、不损毁改变主体结构及其附属设施的原则，充实了文物和史料，现在展出文物、文献有 500 多件，还增设了多媒体互动设备。

除了五一会址，乌兰浩特还有内蒙古民族解放纪念馆、中国共产党内蒙古工作委员会办公旧址、乌兰夫办公旧址等红色遗址，“乌兰”意为“红色”，这里也就成了名副其实的草原红城。

内蒙古民族解放纪念馆（毕力格 摄）

当地人告诉我们，内蒙古自治政府成立之初，乌兰浩特只是一个大村屯，到处都是土房和茅草房。如今，我们漫步在大街小巷时会看到笔直干净的马路宽阔通畅，道路两侧的草木苍翠茂盛。市民们普遍感叹，城市变化日新月异。

兴安盟的人文景观很有意义，自然景观也毫不逊色。这里有一座中外闻名的旅游城市——阿尔山。事实上，阿尔山不是山名，而是蒙古语的音译，意为“圣水”。

阿尔山矿泉以其独特的疗效而蜚声国内外，造访此地的人们除了欣赏林区美景，还要洗一洗神奇的温泉。

清朝咸丰年间，当地就开始修建浴疗池了，

接待国内外洗浴者。1934年，日本人在当地修建经营大和旅社，成为当时阿尔山最大的建筑，并

兴安盟阿尔山市区一景（连振 摄）

阿尔山国家森林公园里的杜鹃花（连振 摄）

将温泉水用管道引入旅社的 5 个砌池内。

如今，走在阿尔山温泉疗养院内，还能看到保存完好的大和旅社旧址，是一幢用石头砌筑的 3 层楼房。

我们实地探访时看到，方圆数平方公里的林间绿地上分布着四五十个泉眼。泉水从地下岩缝

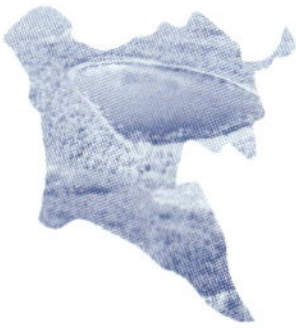

中涌出，宛如一面面明镜，有大有小，有双有单，在太阳下闪闪发光。它们个个明净无瑕，晶莹剔透。有的热得冒烟，温度高达四五十摄氏度；有的温蔼平和；也有的冰凉彻骨，温度最低的只有 1 摄氏度。

阿尔山矿泉群何时被人类发现已无从考证，但当地流传着一个美丽动人的传说。

大兴安岭南麓的深山密林中，蒙古族老猎人巴特尔在狩猎中射中了一只漂亮的梅花鹿。梅花鹿负箭逃跑，翻过一片片山林，巴特尔穷追不舍。只见梅花鹿一瘸一拐地跑到一潭热腾腾的泉水边，喝了几口泉水，纵身跃入水中打起滚来，跃出泉水后，梅花鹿不瘸也不拐了，箭一般绝尘而去。

巴特尔目瞪口呆，惊讶万分。他又累又渴，便奔到泉边，掬起泉水洗了把脸，又喝了几口，顿时疲劳消失，力气倍增。他用瓶子装了一些泉水，带回家里，用泉水擦洗多年来的老寒腿，擦洗几次后，腿再也不疼了。就这样，巴特尔发现了泉水治病的奇效。他把这件事告诉了乡亲们，人们纷纷前来饮用这神奇的泉水，或在泉水中沐浴，治病祛邪。

阿尔山国家森林公园内的天池（连振 摄）

除了温泉，阿尔山林区有大大小小近百个火山口湖和堰塞湖，它们就像上天倾倒的珠玉，镶嵌在茫茫林海中。

我们曾造访驼峰岭天池，它既像巨人留下的一个脚印，又如巨大的宝葫芦镶嵌在山间，在阳光照耀下晶莹剔透，被茂密的松林紧紧围绕。

林、泉、湖，已经让阿尔山够美了，而每年四五月间，杜鹃花灿然怒放，就像给山林涂了胭脂，大批游人也会闻花而来，穿上漂亮的服装拍照留念，更是给阿尔山增添了几分姿色。

“等闲识得东风面，万紫千红总是春。”阿

尔山的春日应当是最有诗意的了。每当杜鹃花开，山上的蕨菜、蘑菇也渐渐长成，山丁子等野果也开始挂色，林区的人们纷纷上山采摘山货，没有一个人会空手而归。

阿尔山的建筑也颇有异域风情，既有荷兰式的风车建筑，又有瑞士般的尖顶房屋，还有抗日战争时期日本人修建的火车站、碉堡和隧道等工事。

兴安盟阿尔山市的一处充满异域风情的棚改集中安置点（刘磊 摄）

游客在阿尔山国家森林公园三潭峡旅游景区游览。（连振 摄）

不久前，当地朋友带我们去了一个人迹罕至又很神奇的地方——日本人修筑的火车头转盘。这处设施是由一个300多平方米的圆形凹槽和一个长近10米的可转动铁轨组成，利用杠杆和轴承转动原理，当火车头驶到可转动铁轨上时，一个人徒手就可以推动，从而达到调头的目的。为了铭记历史、警醒后人，这处遗址被保留至今。

兴安盟景美物也丰。这里地处北纬46度大兴安岭南麓生态圈，也位于世界公认的“寒地水稻黄金种植带”，纯净无污染的天然河流水源和有机质含量高的黑色土壤孕育出来的大米近年来声名鹊起，受到了京津冀、长三角、珠三角等地消费者的青睐。

我们曾到兴安盟北部的扎赉特旗国家现代农业产业园产业融合发展示范基地参观，只见波光碧水交相辉映，田间栈道曲折向前，隐没在稻田中的鸭子不时传出欢快的嘎嘎声，为静谧的稻田平添了几分生机，鸭稻共生的美丽田园风光让人心旷神怡。

当地朋友说，稻田养鸭的有机农业模式不仅能给水稻田除虫、除草，鸭子和鱼的粪便也是很

兴安盟扎赉特旗稻田画（于涛 摄）

在兴安盟乌兰浩特市郊区，村民在农田中忙碌。（刘磊 摄）

好的有机肥，对提升土壤肥力很有帮助，不仅能收获水稻，还能收获稻鸭稻鱼，为稻农带来一笔额外收入。

既种稻，又养鸭，还在当地传出一段民族团结的佳话。我们踏访乌兰浩特市三合村时发现，

这是一个以朝鲜族为主，汉族、蒙古族、满族等民族和睦共处的多民族聚居村。在长期的生产生活中，各民族互帮互助，相敬相融：朝鲜族村民把自己多年种植水稻的经验毫无保留地传授给汉族、蒙古族、满族村民，蒙古族、满族群众也把自己积累多年的养殖技术传授给朝鲜族群众，汉族村民同样把自己经商做买卖的“绝活”教给其他民族群众，从独乐乐到众乐乐，各族群众的生活也变得越来越富美、幸福。

去过多次兴安盟，仍觉得常去常新，也许是多种生态类型、多个民族文化在这里共存的缘故吧，大兴安岭林区与科尔沁草原在此交汇，草原文明与农耕文明交流、交融。每次到访，都会有新的发现、新的感受。

通辽：草原风情入时新

扫码获取
配套视听资源

“十五的月亮升上了天空哟，为什么旁边没有云彩？……”悠扬的草原民歌《敖包相会》有如天籁，描绘了美丽的草原风光，更诉说着人世间美好的爱情——在那美丽的地方，“只要妹妹（哥哥）你耐心地等待哟，我（你）心上的人儿就会跑过来哟嗬……”

这首歌曲草原上的人几乎都会唱上两句。一些学者考证，歌曲中描述的那对青年男女就来自内蒙古通辽。

通辽在内蒙古东部，东靠吉林，南依辽宁，从这里坐动车去北京只要 6 个多小时。

我们在通辽游览时，不仅能看到禾黍离离，

也能看到花海伴银溪的草原，这片草原就是著名的科尔沁草原。

科尔沁，蒙古语，意思是“弓箭手”。内蒙古通辽、兴安盟和赤峰东北部，以及辽宁、吉林

科尔沁草原（朱文哲 摄）

达尔罕亲王府（朱文哲 摄）

西部的一些地区，曾经都是水草丰美的科尔沁大草原，如今，人们已很难看得到科尔沁草原的全貌了。不过，在此繁衍生息的蒙古科尔沁部曾培

养出闻名于世的历史人物和传奇英雄。

前几年去通辽时，当地的朋友推荐我们前往科尔沁左翼中旗的达尔罕亲王府一游。王府原来的建筑已荡然无存，如今展现于世人面前的是在原址上复建起来的。

院落里考究的飞檐、脊兽、阶石和门廊，都在告诉世人这个王府家族当年所尊享的崇高地位，特别是气势恢宏的银安殿，在视觉上颇具高规格古建筑的冲击力。

这里就是孝庄文皇后出生的地方。孝庄是一位经历三朝，辅佐顺治、康熙两代皇帝成就大业，开创康乾盛世功劳卓著的科尔沁蒙古族女性。

在这座王府发生了很多传奇故事。比如，孝庄之孙康熙三巡科尔沁追思祖母，大宴蒙古乡民；乾隆两次驻跸达尔罕亲王府，并在府内举办了33岁生日宴会；嘎达梅林曾任王府最后一任军务梅林（梅林是蒙古部落里特有的官职，即总兵，执掌王府全部兵马，职权特别重要）。

有关嘎达梅林的民歌和电影不时见于电视荧屏。“南方飞来的小鸿雁啊，不落长江不呀不起飞……”这首荡气回肠的蒙古族民歌歌颂的就是科尔沁草原的儿子嘎达梅林。

通辽的文史专家告诉我们，嘎达梅林姓莫勒特图，名那达木德，因其是家中的“老嘎达”（东北话，老儿子，即最小的儿子），并曾担任过达尔罕旗卫队的军务梅林，所以人们都亲切地叫他嘎达梅林。

嘎达梅林少年时曾读过几年私塾，16 岁到达尔罕旗卫队当兵服役，后来当上了梅林。后因反对达尔罕王爷和军阀开垦草原而被捕入狱。他被妻子牡丹搭救越狱后，于 1929 年冬至 1931 年春率众起义，举行武装反垦暴动，转战于科尔沁草原。牺牲时年仅 38 岁。

起义虽然失败了，但也沉重地打击了达尔罕王爷和军阀“牧垦”草原的计划。因此，嘎达梅林保护科尔沁草原的功绩永载史册。

科尔沁草原上不仅飘荡着许多悠扬动听的长调民歌，还流传着一些铿锵有力的革命歌曲，《大刀进行曲》就是其中的一首。它的创作者、著名的人民音乐家麦新曾在通辽工作，并把宝贵的生命献给了这里的革命事业。

1947 年 6 月的一天，年仅 33 岁的麦新在开鲁县遭到数十名国民党残匪的袭击，不幸壮烈牺牲。为了纪念这位人民音乐家，当地政府便以麦新的名字命名他牺牲的这片土地，麦新镇和麦新村就此得名。

我们曾造访开鲁县白塔公园南侧的麦新纪念

通辽市开鲁县麦新纪念广场上的麦新铜像（贺书琛 摄）

馆，馆内珍藏着麦新烈士遗像、遗物、事迹文献和各界人士纪念麦新的文稿。

麦新在他短暂的一生中以音乐为武器，创作了大量的好作品，其中，《向前冲》《牺牲已到最后关头》等歌曲极大地鼓舞了战士和民众与敌奋战的士气。这些歌曲中，《大刀进行曲》在群众中影响最大、流传最广。

从 1945 年起，麦新随陈毅赴华东、上海等地工作，后又转赴东北，1946 年至 1947 年在开鲁县工作。来到开鲁县后，麦新不再从事自己最喜爱

的群众音乐工作，成为一名专职党的干部，但他仍利用业余时间搞创作，《保育院歌》《儿童哨》《小葡萄》等歌曲就是在开鲁县创作完成的。

在生活中，麦新还经常帮助群众挑水、扫院子，啥活都帮着干。他牺牲的前几天，还帮助老贫农户郭万才家脱坯、垒墙，给军属刘大娘挑了一缸水，并把身上仅有的一点儿零钱给了刘大娘。

“大刀向鬼子们的头上砍去，全国武装的弟兄们，抗战的一天来到了，抗战的一天来到了……”这首脍炙人口的抗战歌曲，像怒吼一样，振奋了人们抗日的爱国热情。《大刀进行曲》的生命力经久不衰，它时刻提醒我们勿忘国耻、牢记使命。

都说草原是歌的海洋、舞的故乡，这一特点在通辽体现得最明显了。我们造访通辽市库伦旗库伦街道草根文化艺术团活动室时，就看到 20 多名身着蒙古袍的舞者随着音乐，跳起享有蒙古族集体舞蹈“活化石”美誉的安代舞，红绸舞动，踏足而歌。

库伦街道草根文化艺术团的双白乙拉说：“安代舞最早是用来医病消灾的宗教性舞蹈，至今已有 400 多年的历史了。”

牧民在科尔沁草原上跳安代舞。（张伯东 摄）

相传很久以前，科尔沁大草原上生活着相依为命的父女俩。一天，女儿得了怪病，父亲用牛车拉着病重的女儿到外地求医。不料半路遇上风雨，车轮陷在泥里，车轴也断了。父亲急得不知如何是好，便围着牛车高声唱着，祈求神灵的保佑。歌声引来了乡亲们，他们见状潸然泪下，跟着老人甩臂跺脚，围着牛车哀歌。人们唱着、舞着，感动了上苍，雨停了，太阳出来了，姑娘的病也奇迹般地好了，她跳下车加入了舞蹈的人群……

这个奇闻不胫而走。后来，草原上的人们用这种载歌载舞的形式抒发情感。大家围成一个圆圈，敞开长袍的下摆，手里拿一块绸巾，边歌边舞，称之为安代舞。

经过百年嬗变，安代舞如今加入了不少现代元素，成为大众喜闻乐见的民间歌舞艺术。

安代舞内蒙古自治区级传承人山虎是库伦街道草根文化艺术团的一员，只要家里农活不忙，他就来活动室给大家领舞、组织编排舞蹈。他带领的团队还受邀在北京、台北与韩国首尔等地演出，受到当地观众的好评。

我们也曾拜访库伦旗库伦镇上养畜牧嘎查年逾古稀的牧民敖来，他在当地政府的支持下，利用自家院落创办文化大院，向邻里乡亲传授四胡演奏技艺，并经常组织大伙儿聚在一起跳安代舞。显然，安代舞已经融入了当地群众的生活。

除了歌舞艺术，通辽还是神奇医术——蒙医整骨术的发祥地之一。位于通辽市科尔沁左翼后旗的通辽市蒙医整骨医院，在全国的骨伤科医院中

也较有名气，骨伤患者纷纷慕名而来。蒙医整骨术是在中医（蒙医）学理论的指导下，以手法复位为主，辅以蒙药及白酒按摩的综合治疗方法，很受骨伤患者欢迎。

在通辽，传统的民族文化随着工业化、城镇化和现代化进程不断创新。当地正借国家全面振兴东北等老工业基地的东风，加快开发开放步伐，发展面貌日新月异……

通辽新貌（内蒙古画报社 供图）

赤峰：曙光映照满天星

扫码获取
配套视听资源

赤峰：曙光映照满天星

著名考古学家苏秉琦先生认为中华文明不止有一个源头，多源汇合形成了泱泱中华文明，“多元一体”是中华文明起源、形成和发展的过程和模式。中华文明的起源并非根深蒂固的大一统模式，而是如“满天星斗”般灿烂可观。

苏老的论断被史学界认为找到了中国文明起源“破密”的钥匙，这著名的“满天星斗”论从哪里产生？就是根据内蒙古赤峰、辽宁牛河梁等一系列红山文化的重要考古发现而提出，并不断深化。

红山文化是与中原仰韶文化同时期分布在西辽河流域的发达文明，全面反映了中国北方地区新石器时代文化特征和内涵。博大精深的红山文化被苏秉琦先生称为“中华五千年文明的曙光”，是中国文化总根系中一个最重要的直根系。

牛河梁红山文化遗址（内蒙古博物院 供图）

红山在哪里？在内蒙古赤峰城区东北角，“红山”在蒙古语中为“乌兰哈达”，“乌兰”乃“红色”之意，“哈达”意即“山峰”，“乌兰哈达”即可译为“赤峰”。

红山文化——这一因山而命名的考古学文化让我从小对红山充满了好奇，心向往之。后来因为工作缘故多次造访赤峰，方知红山是一座死火山，披着艳红的岩石，不危不峻，夏季林木繁茂，一

红山文化遗址（内蒙古博物院 供图）

红一绿交相映衬，既火热，又清新。

半个多世纪前，老舍先生游览内蒙古赤峰（当时称昭乌达盟）时，对红山公园的湖光山色颇为赞美，不禁题诗：“塞上红山映碧池，茅亭望断柳丝丝；临风莫问秋消息，雁不思归花落迟！”

当地人说，红山原名九女山，传说有 9 个仙女触犯天规，王母娘娘大怒，她们惊慌失措，不小心打翻了随身携带的胭脂盒，胭脂撒落在人间，

就出现了 9 座红色的山峰。

神秘的红山成了赤峰这座城市名字的由来，更是海内外诸多历史、考古和人类学家的聚焦点。2012 年夏天，中华文明探源工程的考古队员在赤峰市敖汉旗进行调查时，发现了几块独特的泥质红陶碎片。专家们猜测，陶片背后很可能蕴藏着重大的秘密，便在周边 100 平方米的土地上筛选、采集，不放过任何一个微小碎片。他们最终找到 65 块陶片，精心拼对复原出一尊通高 55 厘米、形象逼真、表情丰富的陶人，成了目前为止能够完整复原的红山文化晚期最大的整身陶质人像。这尊陶人正是5000年以前我们先祖的形象，为中华5000年文明提供了又一个实证。陶人也被誉为“中华祖神”。

同样在敖汉旗，比“中华祖神”还早3000年的兴隆洼先民建造了“华夏第一村”。他们与大自然进行着长期的斗争，开垦荒地，种植狩猎，播撒下人类文明的第一粒火种。

先民们征服自然，但又保持与自然的亲密关系，这一思维方式在大量岩画石刻中展现出来，鹿、马、太阳、人面像……一个个图案生动活泼、造型夸张，反映出人们对自然的崇拜。

每次去敖汉旗，当地朋友都会邀请我们品尝小米粥，小米是当地人最引以为傲、最拿得出手的土特产了。敖汉小米确实名不虚传，颗粒大，粒形圆，

2012 年，内蒙古敖汉旗旱作农业系统被联合国粮农组织列为全球重要农业文化遗产。图为赤峰市敖汉旗梯田。（郝军 摄）

文物工作者在二道井子遗址博物馆内开展文物修复保护工作。（于嘉 摄）

晶莹剔透，入口香甜。事实上，从 8000 年前起，兴隆洼先民就开始种植小米和黍子了，这一点从兴隆洼遗址出土的炭化粟和黍便可得知。经过专业的年代测定，出土的炭化粟是目前世界上发现最早的小米实物遗存之一，也是唯一经过精确年代测定的最早的小米遗存。英国剑桥大学教授说，欧洲的小米是从亚洲引入的，兴隆洼遗址可能是

小米向欧洲传播的起始点。

敖汉旗以小米种植为代表的旱作农业系统被联合国粮农组织列为“全球重要农业文化遗产”，种植、加工和销售小米，让不少农民开上了小轿车、住上了小洋楼。

中华民族是龙的传人，这也被红山文化遗址出土的玉器所佐证。

1971 年，赤峰市翁牛特旗三星他拉村出土了高约 26 厘米的墨绿色“C 形”玉龙，被誉为“中华第一龙”，如今珍藏在中国国家博物馆的展厅内。

我们参观中国国家博物馆时，也见到了这尊玉龙的真容。它呈钩曲形，口闭吻长，鼻端前突，上翘起棱，端面截平，有并排两个鼻孔，颈上

碧玉龙

有长毛，尾部尖收而上卷，形体酷似甲骨文中的“龙”字。特别是龙背正中有一小穿孔，令人称奇。听讲解员说，经过试验，若将其穿绳悬起，玉龙首尾恰在同一水平线上。显然，孔的位置是经过精密计算的。考虑到玉龙形体硕大、造型特殊，它不应是一般的饰件，而很可能是与我国原始图腾崇拜密切相关的一种神器，在祭祀中显示通灵之能。

碧玉人面形佩饰

除了“中华第一龙”，赤峰还出土了很多人物和动物形玉器，大多线条勾勒娴熟、研磨技艺精湛。其实，要磨制一件玉器需要祖孙几代人，磨制的过程更不能有半点马虎，否则就会前功尽弃。这些精美绝伦的玉器甚至可以跻身当代艺术殿堂。

悠悠岁月，沧海桑田，红山先民向南迁徙，来到中原，与其他民族融合在一起。夏商时期的玉器形制也多少因袭了红山玉器的特点。

中外历史学家对赤峰格外关注的又一焦点是让宋朝心惊胆战的契丹部落。时至今日，人们对于这个部落从何而来，又走向何处，依然没有全部厘清。珍贵的文物随着考古发掘的深入逐一呈现在世人面前，时时向我们讲述深远厚重的故事。

20世纪早期，日本人鸟居龙藏首次在赤峰进行了考古勘察，此后契丹辽史的研究长期由日本学者引领。

21世纪初，中国社会科学院考古研究所和内蒙古文物考古研究所开展了一项长期、系统的考古发掘工作，这个团队在赤峰陆续将辽帝陵、辽上京等重要遗址的性质、布局、沿革、制度等一一解码。

唐朝末期，契丹在赤峰境内崛起，建立的辽王朝前后经历200多年，共建5个都城，其中上京、中京在赤峰境内。

辽上京遗址航拍图（内蒙古博物院 供图）

鼎盛时期的辽朝疆域万里，东临日本海，西到阿尔泰山，北至外兴安岭和贝加尔湖，南到山西北部雁门关和河北中部。

辽亡前夕，契丹皇族耶律大石率领10万余众西迁到中亚地区，建立了疆域面积超过400万平

方公里的强大王朝西辽，又称黑契丹，近一个世纪后，被蒙古汗国所灭。

辽、西辽在中亚地区的影响力非常大，《马可·波罗游记》里第一次向西方介绍东方时，就以契丹来命名中国，还因为契丹绘画、乐舞、建筑、书法、雕塑等艺术精妙绝伦，俄罗斯及东欧（斯拉夫语系）部分国家至今仍称中国为“契丹”。

发现700多处契丹辽文化遗存的赤峰市巴林左旗见证了辽王朝辉煌的历史。在巴林左旗这个以汉蒙两个民族为主的县城，契丹大街是最繁华的街道，路边小区和商店随处可见“契丹”字样。很多当地人相信，契丹人是他们的祖先之一。

厚重的历史和辉煌的文明或多或少影响着赤峰人的基因和头脑。在内蒙古，有些人会说赤峰人是“犹太人”，意思是赤峰人聪明。赤峰人的一大特点就是能说会道，用赤峰的土语来说，就

是特能“哨”，说出来的话让人心里很舒服，听得美滋滋的。一个外乡人在这里住上一段时间，也会变得聪明伶俐，能说会道。所以当地人说：“山不在高，红了就灵；地不在大，有龙就灵。”赤峰的山不仅红了，而且还有名震中外的玉龙。

语言是思维的工具，能说会道的人都很聪明。事实上，聪慧和精明离不开教育。赤峰人很重视教育，高考成绩和录取率经常在内蒙古领先，这也是赤峰人很得意的地方。崇尚教育是赤峰人的价值取向。他们深知知识改变命运，知识提升素质，一个家庭再穷，也要供孩子上学。

赤峰曾用万余年的时间向世人诉说着早期农

森林城市赤峰（内蒙古画报社 供图）

耕文明、游牧文明等，但历史的喧嚣早已远去，当地人在平淡的生活中努力奋斗。

耀眼的红山、耀眼的城市，这就是赤峰人热恋的故乡。

锡林郭勒：美丽的草原我的家

扫码获取
配套视听资源

锡林郭勒：

美丽的草原我的家

“美丽的草原我的家，风吹绿草遍地花。彩蝶纷飞百鸟儿唱，一湾碧水映晚霞。骏马好似彩云朵，牛羊好似珍珠撒……”

诗一般的歌词，天籁一般的曲调，《美丽的草原我的家》在草原上传唱了40多年，描绘出一幅美丽的画卷。

锡林郭勒盟的朋友自豪地说：“这首歌曲是词作家火华深入锡林郭勒草原体验生活后妙手偶得的佳作。”

绿草如海，鲜花烂漫，碧水清波，晚霞夕照，骏马奔腾，牛羊肥美……歌曲浓缩了锡林郭勒草原的精华：风光是醉人的，生活是舒畅的，牧人是幸福的。

锡林郭勒与呼伦贝尔地区分布着我国两大著名草原。由于两个地区的降水量不同，呼伦贝尔既有大片的森林，又有无边的草原；锡林郭勒则以不同类型的草原风光为主，广阔无垠，有如大海般壮阔。

在萧乾笔下，锡林郭勒草原是这样的：“它

乌拉盖河（彭源 摄）

有多么像海啊！只有在海上，天和地才能像接到一起的两匹布那么完完整整，没有间隔。只有海才这么寂静，广袤得望不到边际，它永远像一幅没有框子的画。而只有在海上，人才会感到这么没有遮拦，自己这么渺小，以至于潜意识里会莫名其妙地产生怕把自己迷失了的恐惧。”

锡林郭勒盟西乌珠穆沁旗古日格斯台国家级自然保护区草原风光（彭源 摄）

《狼图腾》故事发源地和影片拍摄地锡林郭勒盟东北部的乌珠穆沁草原，这里雨量充沛，牧草质优量大，任凭牛羊疯吃猛长。

在这片草原深处，有天鹅湖、乌拉盖湖等大大小小的湖泊，它们犹如镶嵌在草原上的宝石，

300多年后的清代，这里又走出一位杰出的蒙古族数学家、天文历法学家和测绘学家，他就是明安图。

明安图一生为天文、地理、测绘、数学等方面的研究做出杰出贡献，他参与编纂了《律历渊源》，还参与了《历象考成后编》《仪象考成》等天文历书的编修工作，特别是他的名著《割圆密率捷法》，用几何、代数等知识，创立了一种新的数学方法——割圆连比例法，在中国数学史上首开无穷幂级数研究的先河，叩响了微积分研究的大门。

仰望夜空，无尽的繁星中有一颗被中国科学家发现的小行星明安图星，这是中国首次以少数民族科学家的名字为新发现的小行星命名。

在明安图的家乡锡林郭勒盟正镶白旗，以他的名字命名的国家天文台观测基地和射电频谱日像仪正在探索宇宙未知的奥秘。观测基地里，100面白色的抛物面天线在草地上有序排列。这个占

明安图观测基地中的射电频谱日像仪天线（连振 摄）

地 10 平方公里的天线阵就是明安图射电频谱日像仪。这些天线的中心对准太阳，源源不断地接收太阳射电辐射，而后经仪器分析解读，呈现出直观影像，这些珍贵的资料可以帮助人们预报太阳剧烈活动等情况，从而减少太阳对人类生产生活的不利影响。

锡林郭勒盟东乌珠穆沁旗乃林高勒草原风光（任军川 摄）

锡林郭勒盟西乌珠穆沁旗的牧民在驯马。（彭源 摄）

与正镶白旗相邻的太仆寺旗则以马为傲。太仆寺旗曾是清朝的皇家御马场，养马最多时达7万多匹，专供皇家军用马匹和御用肉食、奶食。如今，马匹不再用于交通和军事，蒙古族牧民养马，更多是出于热爱。

在太仆寺旗贡宝拉格苏木的草原上，牧民几乎都养马，少则四五匹，多则上百匹，把马当作家里的一员。我们拜访当地爱马的蒙古族汉子都布兴时，他正给自己的20多匹蒙古马喂水，嘴里嘟囔着什么，其实是在跟马说话。

都布兴给每匹马都起了名字，一看到马的样子，就能知道它是饿了还是渴了，而且对马的性格了如指掌。

一年春节前的一个大雪夜，天气寒冷，刚产驹的母马下奶慢，小马驹出生两个小时后才吃到第一口奶，又过了三四个小时才勉强站立起来。都布兴就一直在马圈旁悄悄守着，担心小马驹出事。

牧民们不仅精心养马，很多人还在家里的墙壁上悬挂马的画像，在屋内显眼的位置摆放一把马头琴。马头琴是蒙古族的民间拉弦乐器，因琴杆上端雕有马头而得名。马头琴的音色或悲凉，或振奋，被人们看作马的化身，牧民常用它抒发情感、荡涤心灵。

关于马头琴的由来还有一个凄美的传说。

相传草原上的小伙子苏和与自己的白马形影不离。一次赛马会上，苏和骑着白马夺得冠军，不料王爷起了坏心思，白马被王爷派来的打手抢走了。离开苏和的白马对主人日思夜想，终于有一天挣脱缰绳跑了出来，然而在半路身中毒箭，

锡林郭勒盟镶黄旗乌兰牧骑队员演出结束后教牧民拉马头琴。（彭源 摄）

它坚持着，一直跑到苏和面前才倒地而死。

苏和伤心地哭了。他把白马的腿做成琴杆，把头骨做成音箱，马皮蒙在琴箱上，并用马尾做成弓子。他还根据白马的模样，在琴头上雕刻了马头。就这样，马头琴诞生了。

锡林郭勒各族儿女也像蒙古马一样，将重情重义、吃苦耐劳、一往无前的精神世代相传。

乌兰察布：昔日风沙口，今朝『后花园』

扫码获取
配套视听资源

乌兰察布：

昔日风沙口，今朝“后花园”

从北京向西不远，就是乌兰察布。

乌兰察布，蒙古语，意为“红色的崖口”。来自阴山北麓的戈壁长风从这里浩浩吹过，使这里夏季凉爽宜人，是理想的避暑之地。

这座离北京很近的内蒙古中部城市，因它的壮美、神奇与通达而享有首都“后花园”的美誉。

盛夏时节，漫步于乌兰察布，逶迤起伏的阴山脚下，大地辽阔，草长花开，绿意葳蕤，一派生机。花草隐没了双脚，绿树净化了身心，美得无处安放，让人目不暇接。天空碧蓝得超出想象，数朵白云，看似一动不动，却悄然变幻着形态，如画中的闲笔或补白，装饰着大地，点缀着阴山。天和地，一切如洗过一般鲜亮。

乌兰察布境内既有纵横的沟壑，如一幅以草为屏的山水画；又有丘陵起伏的格根塔拉、辉腾锡勒草原，保留着千年之前四野茫茫的草原风光；还有林海茫茫、云海苍苍、群山叠翠、雾色缥缈的苏木山人工林场，有远观如巨锅、近看似荒峦的乌兰哈达火山群，雄浑壮阔，气象万千。

史料记载，远古时期，这里的山地“森林极盛”，

辉腾锡勒草原（彭源 摄）

《史记》中称居住在这里的民族为“林胡”，从秦汉到17世纪末，这里一直是山西木材的供给地之一。历史上，这里还是“草过于马背，择水而栖，择沃而耕，水草肥美”的优良牧场。但因近百年来的移民垦殖，这里的生态平衡被打破了。听当地朋友说，近些年，他们努力再造秀美山川。

如今，郁郁葱葱的林草越来越多，首都“后花园”的绿色也愈加浓郁。一来到乌兰察布的中心城区集宁区，就觉得林立的高楼错落有致、疏朗大气，繁华的市井杨柳微风、毫不喧闹。城市绿化极为细致，行道树虽不如南方高大，但草坪更绿，鲜花更艳，生态公园、活动广场、博物馆、皮革城……老区新城，各有千秋。

走访乌兰察布，不能不到岱海一游。这个有着“草原天池”之称的内陆湖，是内蒙古第三大内陆湖。

岱海风光（王磊 摄）

岱海呈椭圆状，山水辉映，林草茂盛，从北京等城市乘飞机前往呼和浩特，常常经过岱海上空，在阳光的照耀下，有如一块明澈的玉石镶嵌在草原上。

早在距今6000年左右的仰韶文化中期，先民们就在岱海一带创造了灿烂的文明。

历史上有关岱海的文字记载甚详，汉代称“诸闻泽”，北魏叫“葫芦海”，宋元称“鸳鸯泊”，清代又称“岱根塔拉”，后称岱海，沿用至今。

被白雪覆盖的乌兰哈达火山群一景（彭源 摄）

历代达官贵人、文人墨客前来观赏其“鸿鹜成群，风涛大作，浪高丈余，若林立，若云重”的自然美景。

乌兰察布不仅景美、人美，特色食品也很美味。到当地朋友家里做客，上桌率最高的菜品有土豆块烧牛肉、土豆条炒羊杂、土豆泥拌莜面、油炸土豆干，还有清炒土豆丝……土豆绵香味长，口感筋道，这可乐坏了爱吃土豆的北方人。

乌兰察布盛产土豆，这里的土豆个大质好，行销全国，乌

土豆丰收（董飞军 摄）

兰察布也因此被誉为“中国马铃薯之都”。

听朋友说，早在明末清初，当地就开始种植土豆。由于这里地处高寒地区，夏季凉爽，昼夜温差大，日照充足，很适合土豆种植。再加上当地的降水集中在七八月间，与土豆的需水高峰期基本吻合，土豆种植遍布全市各地。

历史悠久，民族众多，乌兰察布是我国北方古代文明的重要发祥地。战国时，乌兰察布属于赵国和匈奴领地，这里留下了鲜卑、突厥、契丹、女真、瓦剌、蒙古等北方少数民族的足迹。

2003 年，元代集宁路古城遗址入选“全国十大考古新发现”，为乌兰察布增加了几分神奇的色彩。

元代集宁路古城遗址航拍图（内蒙古博物院 供图）

“路”是元代仅次于行省的第二等地方行政区划。

考古专家发掘元代集宁路古城遗址后惊奇地发现，这个 600 多年前的城市虽然毁于战火，但古城的原貌依稀可见，考古专家还发现了珍贵的窖藏器物，这印证了集宁路是元朝在边境设立的互市贸易市场这一史实。

在元代集宁路古城遗址出土的景德镇窑系的元青花瓷器成为这处遗址考古的最大亮点。因为元青花瓷器是元朝官僚贵族和富裕大户才能拥有

的瓷器，数量稀少，目前传世的全球只有500件左右，发掘出土的更是少之又少。

我们曾亲眼看到过一件这里出土的青花梨形注壶，其通高14厘米，最大腹径9厘米，圆弧形把手。壶盖的造型为一只小狗，捏塑的小狗蹲坐在一朵莲花上，莲花及小狗的眉眼用青料绘成，小狗昂首曲尾、憨态可掬。壶体双面主体饰缠枝牡丹花，釉色晶莹剔透，青花浓艳浑厚，着墨重处有铁锈斑。这件瓷器极为珍贵。

专家说，中原及南方著名窑系的瓷器大量汇集于此，并向漠北输出，集宁路应当是草原丝绸之路东端的一个重要起点。

悠悠岁月，沧海桑田，曾经的繁华已被野草和尘埃淹没，但一个个新的传奇正在这里书写。

四子王旗阿木古郎草原，意为“平安”的草原，是神舟飞船的主着陆场，四子王旗因此被誉为“神舟家园”。这片草原以宽广的胸怀，热情迎接神舟飞船天外归来。

我们曾在现场见证“神八”“神九”着陆的盛况：红白相间的降落伞吊挂着深褐色的返回舱，在空中划出一道斜线，临近地面的一刹那腾起一

2013 年 6 月 26 日，神舟十号载人飞船返回舱在内蒙古主着陆场成功着陆。（任军川 摄）

股尘土，然后平安降落在草原上。

我们认识的牧民苏和巴特当年追逐“神五”返回舱，第一个见到了航天员。他回忆，当杨利伟面带微笑走出机舱，挥手致意时，人们悬着的心才放了下来，一位蒙古族小姑娘走上前去给他献上鲜花。

飞船每一次降临这片草原，牧民们都像过春节一样，烹制好手把肉，准备好奶食品，与亲朋好友相聚庆祝，载歌载舞，举杯畅饮。神舟飞船在此着陆，让乌兰察布人倍感骄傲；城市地位日益提高，让乌兰察布人更加自豪。

乌兰察布地处晋冀蒙三省区交界处，面向京津冀开放前沿，是内蒙古东进西出的“桥头堡”、北开南联的“交汇点”。

元代，这里是草原丝绸之路、茶叶之路的重要通道和货物集散地，见证了昔日“使者相望于道，商旅不绝于途”的辉煌。如今，这里又成为通往蒙古国、俄罗斯和东欧的重要国际陆路通道。

七苏木国际物流枢纽铁路物流中心（于涛 摄）

乌兰察布开行多列中欧班列。我们在七苏木中欧班列枢纽物流基地等园区内看到，集木材、能源、金属产品进口、加工、集散等功能于一体的保税物流园区初具雏形，板材、卫浴等进出口加工企业纷纷落地，产业发展的潜力很大。

很难想象，这个曾经“地上无草，地下无宝”、一度排在全区经济末位的内蒙古中部传统农业区，不仅成为“一带一路”建设的重要节点城市，还搭上科技进步的快车，全力打造大数据产业。

我们在华为的云数据中心机房外看到，一台台高速运行的服务器指示灯飞速闪烁，耳边不断传来嗡嗡的低响，它们正在存储、读取和传送海量数据。

距华为数据中心数百米的地方，是于2019年开建的苹果数据中心。阿里巴巴、上海优刻得、亚信数据港等项目也纷纷落地。

昔日红色风沙口，今朝北京“后花园”，回荡过驼铃声声的草原丝绸之路奏响了入时的弦歌：从传统农牧到物流枢纽，再到更加高端的大数据应用研发，乌兰察布正凤凰涅槃，书写新的历史篇章。

鄂尔多斯：

歌海舞乡生态美

扫码获取
配套视听资源

鄂尔多斯：
歌海舞乡生态美

鄂尔多斯，蒙古语，意为“众多的宫殿”。这里是内蒙古最具经济活力的地区，也是一座洋溢着现代化气息和少数民族风情的城市。

成吉思汗曾赞美这里是“花角金鹿栖息之所，戴胜乌儿育雏之乡，衰落王朝振兴之地，白发老翁享乐之邦。”这里是歌的海洋，这里是舞的故乡；这里的奶茶常醉人，这里的生态如画屏。

这是一个神奇的地方，西、北、东三面皆被黄河环绕，南临古长城，毗邻晋陕宁三省区。这里生活着“走西口”来的汉族群众，也生活着蒙古族群众。这里有晋陕文化风俗的传承，也有蒙古族古朴的民风，很多独具特色的文化民俗十分有趣且有宝贵的人文价值。

鄂尔多斯是成吉思汗的陵寝之地，成吉思汗祭祀是鄂尔多斯草原最隆重庄严的礼俗。

成吉思汗陵（内蒙古博物院 供图）

公元1227年，成吉思汗在征西夏途中病殁于六盘山脚下，对成吉思汗的祭奠活动开始在草原上绵延传承。如今，祭成吉思汗陵成为蒙古族最隆重、最庄严的祭祀活动。

蒙古民族祭祀成吉思汗活动，最早见诸成书于康熙元年（公元1662年）的《蒙古源流》。

一年中，成吉思汗陵前要举行数十次祭祀活动，每次祭祀活动的日期和规模都是固定的，其中有4次为季祭，亦称大祭，此外还有月祭和常祭。

这些祭祀仪式承袭了成吉思汗时代萨满教的祭天方式，明代以后又加入少量藏传佛教的内容。

2006年，成吉思汗祭祀被列入第一批国家级非物质文化遗产名录。

每年农历三月二十一，成吉思汗春季查干苏鲁克大典主祭日活动在伊金霍洛旗成吉思汗陵举行。春季大祭是成吉思汗陵一年中规模最大、最为隆重的祭祀活动。这天的祭奠继承了成吉思汗在世时的古俗，用一年中最早挤的白骒马奶祭上苍，祝愿奶水像河湖中的水那样丰盈。春季大祭是祈求畜群兴旺的祭典，故称查干苏鲁克（意为“洁白的畜群”）大典。

过去，春季大祭要持续半个月左右。如今的查干苏鲁克大典上，一些人仍带着哈达、酥油、羊肉等，在三座“一”字排开的蒙古包式陵宫前，祈求风调雨顺、幸福安康。

除了成吉思汗祭祀，鄂尔多斯婚礼和漫瀚调也是国家级非物质文化遗产项目，它们都是鄂尔多斯最动人最娇艳的民俗文化奇葩。

“前额上嵌着玉点的骏马，还在沙丘上奔

在鄂尔多斯市鄂托克前旗乌提嘎查婚礼现场，男方两位嫂嫂与女方亲属交换鼻烟壶。（虞东升 摄）

跑。身穿蟒缎长袍的姑娘哟，就要离开娘家的毡包……”凡是参加过鄂尔多斯婚礼的人，无不为这哀怨凄婉的《送亲歌》而感动。

同时，雍容华贵、精彩纷呈的鄂尔多斯婚礼也令参加者叹赏不已，久难忘怀。经过千年演变的鄂尔多斯婚礼如今仍然比较完整地保留着本来面貌，只此便堪称我国传统礼仪文化史中的一绝。

在鄂尔多斯市鄂托克前旗乌提嘎查婚礼现场，新郎那音巴图准备前往新娘家迎亲。（邹予 摄）

哈达订亲、佩弓娶亲、拦门迎婿、献羊祝酒、求名问庚、卸羊脖子、分发出嫁……这一整套鄂尔多斯婚礼程式，可从12世纪的蒙古婚礼找到雏形。

卸羊脖子是鄂尔多斯婚礼的独特仪式。新郎到女方家，新娘分发出嫁仪式完毕后，女方家人用盘子端出煮熟的羊脖子，要求新郎卸开，这是对新郎是否心灵手巧的考验。有的新郎拔刀开卸、游刃有余，赢得了人们满意的掌声；而有的新郎

卸得大汗淋漓也无如之何，就会招来围观者的哄笑。

所有仪式程序，一切感情交流，都以歌舞和酒为载体，鄂尔多斯因此以歌的海洋、酒的故乡闻名。

婚礼一般举行三天三夜，自始至终不准重复唱一支歌，唱重一支歌就要罚酒三杯。婚礼上人们要唱百支歌曲，要献千首祝福。

我曾参加过数次鄂尔多斯婚礼，有表演的婚礼，也有真实的婚礼。表演的鄂尔多斯婚礼已压缩至两个小时甚至更短，浓缩了其中的精华部分。

今天的年轻人结婚时，已不再完全依照传统的程式举办婚礼，但仍保留着献羊祝酒、卸羊脖子等内容，婚礼上歌不能少，酒更不能缺。

我曾在乌审旗陶利苏木参加一户牧民的婚礼时，歌饮直达通宵，困了也只能盘腿原地打盹，醒来后接着欢饮歌唱。

九曲黄河如弯弓般环绕鄂尔多斯，由准格尔旗进入晋陕峡谷。准格尔旗的沟沟峁峁间不时会传出高亢的漫瀚调，萦绕于漫漫山梁间，回荡在滔滔黄河上。

准格尔黄河大峡谷风光（彭源 摄）

漫瀚调是民族团结的结晶，它诞生在黄河岸边的准格尔旗，这里是远近闻名的漫瀚调艺术之乡。

秦代曾强迫三万户迁至今日的河套和准格尔一带屯垦，使这里形成蒙汉杂居的局面。自秦以降，中原汉族不断进入鄂尔多斯，蒙汉人民水乳交融，孕育出了独特的民族民间音乐——漫瀚调。

漫瀚调最初是爱情的“鹊桥”，青年男女隔着沟壑，吐露着爱慕之情，《栽柳树》《唐庆扎布》等有关爱情的漫瀚调名曲，今天的年轻人可能不知道这是先辈撩人的歌。

随着人们的传唱和时间的推移，漫瀚调的歌词内容已无所不包：以叙事和抒情两种方式讽喻时政，歌唱对美好生活的向往。心里所想就成了

鄂尔多斯坚持煤电油气风光并举策略，加快推进煤制油气示范升级项目。图为内蒙古伊泰煤制油有限责任公司16万吨煤间接液化成油装置。（内蒙古画报社 供图）

口中所唱，即兴演唱，歌词质朴，散发着浓郁的乡土气息。

鄂尔多斯的文化遗产熠熠生辉，鄂尔多斯的发展变化日新月异。这里被许多人称为“煤都”，是因为全市地下埋藏着上千亿吨煤炭，且产量连续多年位居中国城市的首位。

煤炭为当地人带来大量财富，鄂尔多斯也由此成为中国发展最快的地区之一。然而，鄂尔多斯产业单一，如何大规模开发利用清洁能源是这座城市未来发展面临的挑战。

近些年，当地企业和科研院所不断研发煤炭洁净利用技术，把黑乎乎的煤炭转变为油料、天

鄂尔多斯市乌审旗治理后的毛乌素沙地（连振 摄）

然气，逐步建成全国最大的现代煤化工产业集群，不仅为鄂尔多斯产业转型带来了新机遇，也为国家的能源安全加上一道保险。

我们曾在鄂尔多斯南部的一片开阔地上看到，

一条长 1.2 公里的百万吨级煤制油生产线耸立在绿荫之间。乌黑的煤粉进入生产线，经过催化等处理，24 小时后就能产出柴油等油品。

在伊金霍洛旗境内的一处煤制天然气示范项目二期工程建设现场，一台台推土机齐声轰鸣，一辆辆运输车来回穿梭，一层层建筑钢架加紧安装。听说一期工程投产后，由煤炭转化而成的天然气十分抢手，前来加注液化天然气的罐车络绎不绝，项目的储气罐也从未存满过。

在鄂尔多斯，资源的开发利用越来越清洁，人们的生活环境也充满越来越多的绿色。

鄂尔多斯境内的库布齐沙漠是我国第七大沙漠。过去的库布齐，黄沙漫天，一片荒芜。“风起明沙到处流，沙压房子人搬走，沙蓬窝窝沙葱菜，养活一代又一代。”这首民谣是当地百姓的生活写照：吃粮靠返销、花钱靠救济，沙逼人退、远走他乡。

面对一度恶劣的生态环境，当地干部群众几十年如一日，矢志不渝，艰苦奋斗，以顽强的意志和不屈的精神，大力推进祖国北疆生态安全屏障建设。

从“沙进人退”到“绿进沙退”，库布齐沙漠治理成效显著，被联合国环境规划署确立为全球沙漠“生态经济示范区”。图为库布齐沙漠锁边林草带。（鄂尔多斯市委宣传部 供图）

如今，三分之一的库布齐沙漠得到绿化，由曾经的“沙逼人退”转变为如今的“绿进沙退”。当地的治沙模式和一些技术还被推广到“一带一路”沿线部分国家和地区。

放眼今天的鄂尔多斯高原，天蓝云淡、水清花红、层林尽染，可谓人在绿中，城在绿中，每个人都尽情享受着绿意盎然的获得感。

巴彦淖尔：

天下黄河富河套，塞外明珠赛江南

扫码获取
配套视听资源

巴彦淖尔：

天下黄河富河套，塞外明珠赛江南

“大佘太的葫芦，西水道的瓜，库仑不隆的烟叶子人人夸……软圪溜溜的油糕，胡麻油来炸，

河套金瓜（贾文广 摄）

吃上磴口的华莱士保管你不想家……黄圪睁睁的米饭，香呀么香万家，甜圪盈盈的黄河水哺呀么哺育了咱……”

这首曲调悠扬、饱含乡情的二人台山曲《夸河套》，用亲切的方言，唱出了巴彦淖尔的物阜民丰，道出了河套儿女的幸福安乐。

有句谚语“黄河百害，唯富一套”，说的就是以巴彦淖尔为主的河套平原。历史上，黄河“三年两决口，百年一改道”。70多年的治理，让不羁的黄河实现了伏秋大汛岁岁安澜，也让巴彦淖尔这个位于黄河“几”字弯顶端的地方，有了“塞上江南，草原水城”的美誉。

巴彦淖尔，蒙古语，意为“富饶的湖泊”。它的北部有广袤的草原，中部有连绵的山川，南部是富饶的河套平原。以黄河流域最大的淡水湖——乌梁素海为主的众多河湖，滋润着这片土地。

乌梁素海是历史上黄河改道形成的河迹湖，也是欧亚大陆鸟类迁徙的主要通道。在深邃醉人的蓝天下、绿浪翻滚的芦苇丛中，游人乘坐的船在穿行，许多鸟儿栖息在船头，听风儿拍打着船舷。这就是乌梁素海一景。

乌梁素海成为候鸟栖息的“乐园”。（刘磊 摄）

乌梁素海风光（彭源 摄）

春天，通过科研人员安装的监控设备可以看到，湖区内一片芦苇丛中，一只雪白、雍容的雌性疣鼻天鹅展了展“S 型”脖颈，站在用芦苇秆和杂草铺就的繁殖巢里，身下 7 只破壳一两天的浅灰色天鹅宝宝扭动着脖子，四下张望。近些年乌

梁素海生态持续改善，成了疣鼻天鹅的乐园。

乌梁素海带给人宁静、唯美，磴口县大大小小上百个湖泊则呈现出湖泊星罗棋布、沙海绿洲呼应、湿地湖水交融的生态田园风光。

磴口县虽紧邻我国八大沙漠之一的乌兰布和沙漠，但较少出现扬沙、浮尘等恶劣天气。原来，当地数十年如一日科学造林、发展沙产业，用梭梭、沙柳、柠条等沙生植物给沙漠披上了绿装，乌兰布和沙漠每年向黄河输送沙土的数量减少到原来的七分之一左右。

事实上，宜居的自然环境让巴彦淖尔早在旧石器时代就有了人类活动。古人在岩壁上磨刻出千姿百态的岩刻，为当今世界留下了珍贵的文化遗产。

连绵的阴山将乌拉特草原与河套平原分开，沧海桑田、斗转星移，阴山岩刻凝固着往昔岁月。这些岩刻取材极为丰富，有象征天体崇拜的太阳神、月亮神，有人物舞蹈、穹庐毡房，有记录战争的骑士列队、刀枪旗戟，数量最多、凿刻最精致的是虎豹龟蛇、骡马牛羊。当地朋友告诉我们，乌拉特后旗有一幅群虎图，构图完整，形象逼真，既是远古时代狩猎的见证，也是全世界岩刻中的稀有极品。我们有幸一睹这幅精彩的群虎图，9只老虎被刻画得栩栩如生，无言的阴山仿佛向今人讲述着那个时代的生态故事。

除了岩刻，蜿蜒在阴山主脉上的秦汉长城也蕴藏着巴彦淖尔的沧海桑田。当地文物考古专家介绍，巴彦淖尔境内一共发现了4条长城：最南侧的阴山山脉乌拉山段南麓一带土夯长城是战国赵长城；向北至阴山主脉上有几段用石料垒砌的长城为秦长城，后被汉代加固、修缮和延伸；再

巴彦淖尔境内的动物图案岩画（支茂盛 摄）

向北延伸至广袤牧区，又有 2 条并行的长城，均为汉代修筑。这 4 条长城的总长度超过 1000 公里。

我们曾驱车深入乌拉特前旗小佘太镇的阴山腹地，追寻秦汉长城的遗迹。只见整段长城就地取材，所用石料基本上是人工敲砸而成的条状、长方体石块，间杂少量自然石块，采用层层交错

巴彦淖尔市乌拉特前旗小佘太镇境内的秦长城烽燧（彭源 摄）

叠压的方法垒砌而成，内外壁面规整。抚摸着粗糙的长城石，心游万仞，那凌乱的石块隐藏着多少峥嵘岁月，那吹来的凉风夹杂着多少世事变迁。

依托长城，巴彦淖尔境内分布着鸡鹿塞、高阙塞、受降城等重要遗址，它们曾是连接中原地区与北方草原的关键纽带。

在鸡鹿塞，隋炀帝杨广留下诗句："鹿塞鸿

旗驻，龙庭翠辇回。毡帷望风举，穹庐向日开。”汉武帝元狩年间，大将霍去病北征出击匈奴，即由北地郡出发，经银川平原，沿黄河北行，出鸡鹿塞直达居延，取得了军事上的很大胜利。还有学者考证，当年王昭君偕单于出塞，就是从鸡鹿塞前往漠北的。

往事如烟，如今的巴彦淖尔成为华北沟通大西北、贯通大西南、连接蒙古国的交通枢纽，在“一带一路”建设中发挥着更加重要的作用。当地正着力用好得天独厚的区位优势，让更多人体验巴彦淖尔的“特产”与“特色”。

这里风能、太阳能资源富集。全年日照总时数居全国第二位，风能技术可开发量占内蒙古总量的近“半壁江山”。当地正抓紧“追风逐日”，大力发展风电、光伏产业。我们来到黄河最北端的五原县联星光伏新村，只见白墙黛瓦的房屋错落有致，家家户户的院子里和屋顶上方还“标配”了光伏发电板，院子里的光伏发电板距地面有2米多，下方种着蔬菜和花草。农民说，每户人家从光伏发电项目上获得的年收入就有上万元。

巴彦淖尔境内亚洲最大的一首制自流引水灌

巴彦淖尔三盛公水利枢纽封冻的黄河河面（连振 摄）

区，年引黄河水50亿立方米，浇灌着上千万亩优质耕地，加上充沛的光热资源，勤劳的农民源源不断地种出优质小麦、葵花、蜜瓜、番茄、枸杞等名优产品。因此，巴彦淖尔又被誉为“八百里河套米粮川”。

100多年前，被当地百姓尊为“河神”的王同春开挖了河套地区的八大引黄干渠，使河套地区得灌溉之便，逐渐由一个红柳漫野的沙丘地变成五谷丰登的“塞外粮仓”。如今，每逢夏秋之季的节日里，老百姓便自制各种河灯放入渠中，纪念王同春开发河套水利的功德之举，并祈福河套灌区风调雨顺、年年丰收。

金秋时节，巴彦淖尔不少地方都会变成向日葵的海洋，放眼望去，大片大片金黄铺天盖地而来。灿烂、明朗、快乐是向日葵的品格，正如勤劳勇敢的巴彦淖尔人，千百年来，代代相传，建设着这片富饶的土地。

当地葵花结出的果实不仅丰富着中国人的味蕾，还搭乘轮船、中欧班列，远销西亚、欧美等地。

约全国葵花籽产量的70%来自内蒙古。图为巴彦淖尔向日葵种植区。(内蒙古日报社供图)

深居中国内陆的巴彦淖尔，用舌尖上的美味，与海内外朋友联系起来。

这里还是世界优质高精小麦主产区，全国地级市中最大的有机奶、无毛绒、脱水菜生产加工基地；这里已成为全国第二大番茄种植与加工基地，全国地级市中唯一能四季均衡出栏的肉羊养殖与加工基地。

巴彦淖尔已经整合现有的粮油、果蔬、乳、肉、绒等10多个农牧业优势特色产业，全力打造农产品区域公用品牌——“天赋河套”，努力把农牧业领到绿色发展、高质量发展的路子上，让河套名优特农畜产品驰名中外。当地朋友说，“天赋河套”已成为绿色发展的新引擎，巴彦淖尔正在变成“塞外粮仓、天下厨房、草原上的菜篮子、黄河边的农艺园”。

在巴彦淖尔，既能领略沙漠的浩瀚，感受黄河的雄浑，饱览草原的辽阔；又能观赏乌梁素海的鸟飞鱼跃，体验河套田园的优美恬静，品尝河

探索具有河套灌区特色的农牧业现代化之路，培育”天赋河套“农产品区域公用品牌。图为我国设计灌溉面积最大的灌区——内蒙古河套灌区，该灌区于 2019 年被列入世界灌溉工程遗产名录。（丁根厚 摄）

套农产品的天然味道；更能体会到人们热爱家乡、建设家乡的浓浓乡情，正如当地古老的民歌《鸿雁》所唱：“天苍茫，雁何往，心中是北方家乡……”

乌海：

葡萄美酒翰墨香

扫码获取
配套视听资源

乌海：
葡萄美酒翰墨香

“黄河远上白云间，一片孤城万仞山。”唐代诗人王之涣的《凉州词》写尽了西部边城的苍凉。而如今的黄河之滨，尽是八街九陌、簇锦团花，一座座现代化城市就像一颗颗璀璨明珠，装扮着古老的母亲河。乌海，黄河进入内蒙古的第一站，就是一座繁华秀美的城市，虽然年轻，却很深沉。

说它年轻，一是因为这座城市成立于 1976 年 1 月，只有 40 多年的历史；二是因为它的区域面积相较于内蒙古其他盟市只算得上是“小弟”。不少当地人提起家乡的名字，就会很自豪地说：“乌海还是由敬爱的周恩来总理给起的名呢。”当地拥有乌达、海勃湾两大煤田，先有矿区，后有城镇，先办企业，后设政府。1975年，内蒙古自治区报请国务院将海勃湾、乌达两地合并为一个市，由于政府设在海勃湾，故暂定名为海乌市。当时，周总理看到报告后，建议改为乌海市。人们都觉得这个名字好，“乌海”就是“乌金之海”嘛，正是对这个城市始于煤、兴于煤历史的高度概括。

乌海因煤而兴，深沉的黑色一度成为城市“主色调”。满怀诗意的当地人给煤炭起了一个阳光

桌子山岩画群中的摩尔沟岩画局部（彭源 摄）

满满的名字——太阳石。他们解释道："煤是古代植物被深埋于地下，在缺氧和某些细菌的作用下，经过几千年、几万年甚至上亿年的漫长时间，在温度、压力及地质化学作用条件下变成的。从本质上说，煤是太阳能量的化石。"乌海人对太阳情有独钟。城里有座山叫桌子山，考古人员曾在山上发现岩画群，上面磨刻着许多古朴神奇的太阳神像，乌海也因此被称为太阳神闪耀的地方。到访的游客不妨换上户外装备，约上亲朋好友，去山里探寻这穿越历史长河的文明奇迹。

这里的人们生活得诗情画意，但前些年小、散、乱的煤炭等相关产业给人们带来不少困扰。小厂小矿到处都是，从早到晚烟尘滚滚。十几年前我到乌海出差，一进市区还能闻到空气中的煤烟味，呛得鼻子和嗓子都不舒服。白衬衣、白球鞋穿一天就脏了，人们很少在屋外晾晒衣服。近些年，国家和地方政府意识到，高速发展的经济肌体流淌着不健康的血液，逐步关停并转一大批企业，改造整治矿区和城市环境，消失多年的蓝天白云又回来了。如今来到乌海市区，春来花开如锦，秋至细雨绵长。特别是夏秋季节，城在绿中，绿披街巷，家家庭院绿，绿色染万家。穿城而过的黄河将城市一分为二，像一条玉带横亘在城的中央。一来乌海，我就喜欢沿河散步，喜欢看那黄河温柔地叩击堤岸，美丽的大堤把黄河紧紧地

考古专家在桌子山岩画群中的摩尔沟岩画前拍照。（彭源 摄）

抱在怀里。岸上白杨依依，矮矮的沙生植物显出勃勃生机。

黄河慷慨地赋予了人们丰富的物产。黄河鲤鱼驰名天下，黄河鲶鱼烧茄子味道鲜美，还有黄河甲鱼、河虾。闲暇之余，做一副钓钩、穿了豆青虫，找一处水流平缓的河湾子下好，第二日清晨，那鱼线上便有了沉甸甸的收获。或红烧或清蒸，滋味美妙得无法言表。

几年前，黄河内蒙古段唯一的调节控制性水

黄河海勃湾水利枢纽工程（乌海市委宣传部 供图）

利枢纽海勃湾水利枢纽工程建成蓄水，上百平方公里的乌海湖逐渐形成。乌海湖一边亲吻着乌兰布和沙漠，一边相拥着高山，呈现出沙漠出平湖、水清天更蓝的秀美。从城市坐快艇 8 分钟就能进入沙漠腹地，既可欣赏碧水金沙、鸟飞鱼跃的乌海湖，又可体验星空露宿、沙漠越野、低空飞行，乌海由此叫响了“来沙漠看海”的城市旅游品牌。

市民在乌海湖岸边给红嘴鸥喂食。（彭源 摄）

充满生机的景象很难让人相信这里被乌兰布和沙漠、库布齐沙漠、毛乌素沙地环抱。气候干燥，年降水量不足 200 毫米，蒸发量却在 3000 毫米以上。人们常说，这里的每一棵树都由乌海人亲手栽培、呵护长大，即使是成活的树，也必须始终与滴灌相伴。经过几代人的努力，今天的乌海成为名副其实的全国绿化模范城市、国家园林城市和全国水生态文明城市。

乌海与全球著名葡萄酒产地法国波尔多同处于葡萄种植的黄金地带，毗邻沙漠，日照时间长，昼夜温差大，天然无污染。当地利用先天优势发展了 3 万多亩沙漠葡萄种植基地，沙漠周边的绿

游客在葡萄园中体验采摘乐趣。（彭源 摄）

洲多了，百姓也因葡萄产业更富裕了。如今，“乌海葡萄”成了地理标志农产品。

葡萄酒产业也跟着迅速兴起，暗红的酒色体现出这个城市的浓醇与深沉。“葡萄美酒夜光杯”，品尝到醇馥幽郁、酿色如丹的葡萄酒，任心绪放飞，城市的味道也便涌上味蕾。

乌海在建和建成的酒庄有6家，葡萄和葡萄酒年产值3亿多元，多个葡萄酒品种荣获国际大奖，当地连续举办中国乌海“丝绸之路”世界沙漠葡萄酒文化节，还被布鲁塞尔国际评酒会确定为世界沙漠葡萄酒大赛永久举办地，世界沙漠葡萄酒联盟和世界沙漠葡萄酒交易中心也在这里成立，

游客在内蒙古汉森酒业集团有限公司的酒窖中品尝美酒。（彭源 摄）

乌海成为驰名中外的“世界沙漠葡萄酒之都”。

品葡萄美酒舒筋活血，研章法墨韵修养身心。浓黑的墨色是“书法之城”乌海厚重与深沉的体现。乌海虽是一座年轻的城市，却有着深厚的文化底蕴。7000年前，先人们就在这里刻绘了太阳神岩画。如今，被称为中华民族文化艺术瑰宝的书法更是在这里发扬光大。

乌海的建设者中有不少书法爱好者，基于群众书法的艺术活动非常活跃，1985年，当时的海勃湾矿务局工会在乌海创办中国书画函授大学海勃湾矿区分校，后又更名为乌海分校。一些上了岁数的书法爱好者回忆，参加培训的人数最多时一期达四五百人。一到休息日，人们不管路途多远，都会挤上班车去参加培训。多年办学，分校培养出众多优秀学生。1991 年，占地 1500 平方米的乌海书画院应运而生，成为当地书法城建设的主阵地，受到众多书画爱好者的青睐，每年这里都要举办上百场次的书画作品展览和交流活动。2008 年，乌海被中国书法家协会命名为“中国书法城”。

乌海的书法有着广泛的群众和社会基础，全民热爱书法、习练书法。在当代中国书法艺术馆里，

游客在当代中国书法艺术馆参观书法作品展。（李志鹏 摄）

经常可以看到一家三代研习书法。这个只有 55 万人口的城市，常年习练书法的人数已超过 10 万，书法成了乌海人工作生活的重要组成部分。从街道牌匾、建筑装饰到公园场馆，处处书韵流淌；从兰亭学校、机关社区到企业军营，时时翰墨飘香。“中国书法城”已成为乌海最具特色、叫得最响的城市名片。

经济发展模式转型升级使乌海的生态环境日趋好转，乌海湖已经成为当地休闲旅游圣地。（乌海市委宣传部 供图）

乌金墨韵，美酒浓香。热情好客的乌海儿女正以奋进为砚，化汗水为墨，着开拓之笔，绘就一个充满活力、文明和谐、创新开放、安居乐业的现代之城。

阿拉善：

大漠长河书奇景

扫码获取
配套视听资源

阿拉善：

大漠长河书奇景

“遥远的海市蜃楼，驼队就像移动的山，神秘的梦幻在天边，阿爸的声音若隐若现……浩瀚的金色沙漠，驼铃让我回到童年，耳边又响起摇篮曲，阿妈的声音忽近忽远……”这首饱含深情、雄浑嘹亮的《苍天般的阿拉善》，唱出了“中国秘境”的神奇与壮美，舒展着斑斓之地的多姿与苍茫。

阿拉善最西端的额济纳旗，这个听上去十分遥远的地方，因为神舟飞天、金色胡杨、戈壁绿洲、居延古韵而吸引着越来越多的人探古寻幽。这些独特的景观也给额济纳旗带来了巨大财富。

2021 年金秋十月，额济纳旗境内的酒泉卫星发射中心（又称“东风航天城”）执行神舟十三

2021 年 10 月 16 日凌晨，搭载着神舟十三号载人飞船的长征二号 F 遥十三运载火箭组合体发射升空。（刘磊 摄）

号载人飞船的发射任务，我们有幸目睹了这一激动人心的历史时刻。“点火”指令发出后，矗立在发射场上的火箭腾空而起，托举着神舟十三号载人飞船奔赴太空。一代代航天人在这里继承和发扬不畏艰险、孜孜以求的精神，前赴后继，不断追求技术进步，实现着一次又一次突破。

阿拉善盟额济纳旗胡杨林（刘磊 摄）

金色胡杨林（孟和朝鲁 摄）

航天城以北100多公里的额济纳旗达来呼布镇，胡杨金秋染醉，弱水潺潺漾波。胡杨痉挛般的身躯死死阻挡着风沙，保持着水土，成为摄影大师作品中最美的“身姿”。

居住在弱水河畔的额济纳旗人常这样赞美胡杨：生，一千年不死；死，一千年不倒；倒，一千年不朽！这是不屈的“胡杨精神”。守望在戈壁和沙漠边缘的额济纳旗人用不挠的精神对抗恶劣的环境，用辛勤的双手编织绿色的衣装。

在这里，根登与永青加布夫妇承包万亩荒滩，种植沙枣、梭梭、胡杨，开辟人工饲草料基地，养殖骆驼和牛羊，把曾经的戈壁荒滩改变成绿草如茵、花果遍地的家庭生态牧场。

游客在居延海景区游玩。（刘磊 摄）

在这里，退休干部苏和放弃安逸舒适的城市生活，种植梭梭3000多亩，在黑城遗址西侧上风口构筑起一条灌木林带，迎头砍断了扑向国家宝藏的“沙魔”……

《红楼梦》中，宝玉曾对黛玉道：“任凭弱水三千，我只取一瓢饮。”有关弱水的一个说法是发源于青海，流经甘肃，最后汇入内蒙古额济纳旗居延海的黑河。

弱水三千，何其浩淼！我们从古代居延海的规模便可略知一二。据史料记载，匈奴人曾把居延海称为“天池”，并将其当作圣地加以祭祀供奉。汉代，这里称为“居延泽”，晋代又称为“西海”，至唐代才通称为“居延海”。

历史上的居延海最大时面积曾达 2600 多平方公里。至秦汉时期，尚有 720 多平方公里，它滋养着额济纳绿洲。“大漠孤烟直，长河落日圆。”王维等诗人经停此处，留下了许多壮美诗篇。传说老子在这里得道成仙，最后化身入海，踪迹不见，后人就称这个地方是“流沙仙踪”。

然而，气候变化、沿线取水量增加等因素，导致黑河上游来水减少，居延海的水面逐渐缩小，分割为东、西两个湖。西居延海在 1961 年干涸了，东居延海也在 1992 年干涸了。天长日久，两个巨大的湖盆成为西北地区的风沙源之一。行人至此，无不叹息。

为了抢救和恢复额济纳绿洲的生态环境，2000 年起，黑河开始实施跨省区水量统一调度，成效非常显著。从 2004 年 8 月至今，湖面再未干涸，如今稳定在 40 平方公里以上。在黑河水与居延海的滋润下，经过十几年的休养生息，胡杨林面积也增加了 5 万亩以上。

干涸时的居延海缺少生灵的光顾，如同“死海”一般寂静。如今，大湖重生，成了鸟兽鱼虫的乐园。灰燕、天鹅、野鸭……一过冬天，这些迁徙而来的精灵们或入水嬉戏捕食，或凌空飞翔，或在芦苇丛、湖心石上休憩，它们欢快地叫着，安乐、自在。

这里曾孕育出闻名中外的古居延文明。“单车欲问边，属国过居延。”“居延城外猎天骄，白草连天野火烧。”……许多文人墨客的经典诗句流传至今。

魅力居延海（怀特乌勒斯 摄）

居延海湿地的候鸟（连振 摄）

黑城遗址（彭源 摄）

居延地区是内地通往西域的主要通道，是草原丝绸之路的重要关隘，自汉以降，魏晋、北周、唐元、西夏都曾在此设关置隘。汉代居延遗址分布在甘肃省金塔县和内蒙古额济纳旗境内，包括汉代张掖郡居延都尉府、肩水都尉府所辖居延边塞上的烽燧亭障和天田塞墙等遗址。

达来呼布镇南偏东方向约22公里处的黑城遗址是古丝绸之路北线上现存最完整、规模最宏大

的一座古城遗址。

黑城是西夏在额济纳河下游设的黑水镇燕军司。1286年，元世祖大规模扩建黑城，使其成为中原到漠北的交通枢纽。相传马可·波罗从欧洲来到中国时经过这里。明朝征西将军冯胜攻打元军残余，筑起沙坝截断黑河上游水源，攻破黑城后撤军而去，这座繁华一时的古城因黑河改道而废弃。

历史已远去，今朝无限好，未来亦可期。阿拉善的面积虽有三分之一是沙漠，三分之一是戈壁，三分之一是荒漠草原，但当地人充分发挥聪明才智，围绕沙漠做文章，让“沙窝窝”里生出“金蛋蛋”。我们看到，有的人在沙漠边缘种植梭梭、嫁接肉苁蓉，保护野生白刺、接种锁阳，推广种植黑果枸杞、沙地葡萄等，既用沙生植物修复生态，也从挖掘这些植物的食用和药用价值中增收。

曾是重要交通工具的骆驼一度让阿拉善享有“中国骆驼之乡”的美誉。然而，随着现代交通

几峰骆驼从阿拉善盟阿拉善右旗公路边的戈壁上走过。（任军川 摄）

日渐发达，加之骆驼的养殖效益低，骆驼数量从1982年的25万峰骤减到2003年的5万多峰。近些年，当地开始大力发展以驼奶、驼绒、驼肉等产业为代表的驼产业，养驼有了市场，牧民有了动力，骆驼存栏量增加到了10万峰以上，阿拉善的沙漠中重现驼峰连绵、驼铃阵阵的景象。

一些人还因沙上运动热而捧上“旅游饭”。我们曾在阿拉善右旗巴丹吉林沙漠深处见到牧民

乌力吉巴依。两年前他花了近 70 万元买来一辆越野车，做沙漠旅游向导，由于路况熟悉、服务周到，生意一天比一天好。

而在阿拉善左旗腾格里沙漠腹地，一年一度的越野 e 族英雄会，T3 沙漠挑战赛、T3 接力赛、岩石攀爬挑战赛等越野赛事，国际汽车展、音乐、游乐、航空嘉年华等系列活动，让慕名而来的八方车友和游客兴奋不已。

在沙漠里玩够了，不少人还会来到巴彦浩特镇境内的贺兰山西麓欣赏奇峰异石与繁茂草木。“贺兰之山五百里，极目长空高插天。”明代文人金幼孜的《出郊观猎至贺兰山》道出贺兰山的气势。

作为阿拉善的母亲山，贺兰山阻挡腾格里沙漠东侵和西伯利亚寒流东袭，关系着黄河、河套平原、宁夏平原及西北、华北地区的生态安全。然而，由于贺兰山地区煤炭资源丰富，二十世纪五六十年代起实施规模开采，因生产方式落后、环保意识不强等，生态环境遭到破坏。

近些年，当地针对贺兰山地区生态环境隐患进行治理，拆除生产生活设施，回填采挖坑，恢

复植被。不久前，我们在一处煤矿剥挖坑附近看到，坑内积蓄的疏干水形成了湖泊，在阳光的照耀下波光粼粼，湖边修筑了观景台和长椅，成为一个小型休憩景观……“断峰迤逦烟云阔，古塞微茫紫翠连”的美景正在重现。

望着连绵起伏的贺兰山，吹着和煦清爽的微

阿拉善境内的贺兰山（于嘉 摄）

风，踩着绿茵如毡的草原，不经意间，突然发现脚下的石面上磨刻着羊、马等动物，或是表情丰富的人面，通过贺兰山岩画，与古人进行一场无声的对话，思绪也在惬意中飘向远方。

满洲里：

浪漫风情洒满城

扫码获取
配套视听资源

满洲里：

浪漫风情洒满城

“丘原青未了，又到绿波前。湖阔三江水，鱼肥百草泉。白鸥翔紫塞，碧浪映霞天。回望满洲里，边疆最北边。”半个多世纪前，老舍先生体验内蒙古东北部边疆的风情后，写下这样唯美的诗句。

诗中提到的满洲里是中国最大的陆路口岸城市，位于内蒙古呼伦贝尔大草原腹地，东依兴安岭，南濒呼伦湖，西邻蒙古国，北接俄罗斯。

这里有“天似穹庐，笼盖四野”的草原风光，也有“一眼望俄蒙，鸡鸣闻三国”的地缘特点。

城外芳草萋萋，城内街道通达。马路边俄式建筑林立，就连商店招牌都印有中、蒙古、俄三

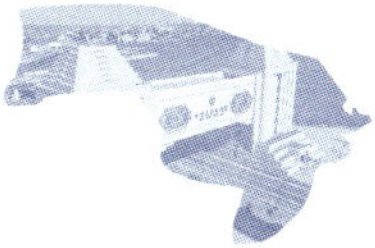

种文字，还有金发碧眼的俄罗斯朋友不时从身边走过，恍若置身于异域他乡。

漫步在满洲里街头，只见纵横交错的街道把市区分割成块块方阵，各种建筑掩映在树丛中，红、黄、蓝、紫色的屋顶如仙女下凡，手捧彩锦，脚踏祥云，翩翩起舞，喜迎国内外宾朋。

中国最大的陆路口岸城市满洲里（内蒙古画报社 供图）

路旁涂着不同颜色且造型别致的栅栏里，樟松青翠，杨柳飘逸，草坪如毯。人行道旁的建筑群是一幢幢造型美观的高大楼房。如果幸运，还会看到俄罗斯式木刻楞房和石屋。木板用鲜艳的油漆粉刷一新，优雅大方，充满童趣；石头建筑则做工精细，深沉庄重。

满洲里城市风光（邹予 摄）

满洲里套娃广场（图一）（王化丽 摄）

在哥特式建筑外观的满洲里书城周边，汇聚了俄罗斯文学史上多位重要作家的雕塑。托尔斯泰雕塑昂首挺胸，前额突出，双目凹陷，气宇非凡，似在苦闷沉思。柴可夫斯基雕塑嘴唇微张，似乎凝固了他创作瞬间的神情。莱蒙托夫雕塑眉毛微扬，仿佛正激情满怀地朗诵自己的诗篇……这些雕塑形象逼真，浸润着浓郁的俄罗斯文学气息。近百年来，一代代中国人读着他们的作品，追寻着俄罗斯文学的黄金时代。置身书城内，阅读经典、研讨交流、放松思绪，让灵魂走在路上。

位于城市西北部的套娃广场则把人们带到一个唯美的童话世界。套娃在俄罗斯是一种民间木

满洲里套娃广场（图二）（彭源 摄）

制玩具，在满洲里却变成了一种建筑形式。

坐落在套娃广场上的一家酒店，拥有套娃造型的外观形象、欧式风格的建筑底座、中心通透的内部结构，外观萌态十足，内饰精美别致，堪称世界最大的套娃主题建筑。

套娃广场上还有200个描绘世界名人和代表不同国家形象的小套娃，以及30个表达友谊、关爱和祝愿的俄罗斯复活节彩蛋。

广场以西200米处，蔚蓝色的欧式建筑是俄罗斯艺术博物馆，馆内不同年代的俄罗斯油画、雕塑、水晶制品琳琅满目，让人流连忘返。

傍晚时分，来到城市东部的小山丘上，就会看到婚礼宫，当地人更愿意亲切地叫它“教堂”。这座哥特式建筑颇有中西交融的印迹。在这里，整个城市一览无余，看着夕阳下温润而安宁的满洲里，别具风情，格外浪漫。

中俄交界的国门是一定要去的。满洲里市区向西8公里处，就是中俄两国铁路连接点。伫立着青灰色花岗石的“门”字形建筑是满洲里第五代国门，由此出去，就是俄罗斯。

满洲里国门（彭源 摄）

由于满洲里先有铁路后有城，火车头就成了这座城市的象征。火车头广场位于国门旁，这里还停放着一辆古老的蒸汽机车车头。

在国门景区，人们可以清晰地看到对面不远处的俄罗斯国门。登上满洲里国门，还能远远地望到俄罗斯后贝加尔边疆区红顶白墙的建筑和街上黄头发、高鼻梁、白皮肤的俄罗斯人。

国门景区附近有中俄互市贸易区，很多俄罗斯客商在这里做买卖。每天上午 11 点左右，提着大包小包的俄罗斯人来到互贸区，开始销售特产。

商家在向顾客介绍商品。（李志鹏 摄）

我们在互贸区免税交易区的一家展销店内看到，一排排木质货架上摆满了俄罗斯商品，进店采购的顾客络绎不绝。

随着中俄民间交流的深入，一些满洲里居民从俄罗斯饮食文化中吸收营养。大街小巷有很多俄式西餐厅，其装饰也颇具俄罗斯风情。店家的大喇叭放的都是俄语叫卖声。

俄罗斯人带着啤酒、红肠、面包和酸黄瓜到野外唱歌跳舞的娱乐方式，也被满洲里居民所接受，现在啤酒、红肠、俄式面包等食品已成为满洲里居民日常饮食的重要组成部分。

铁路书写着满洲里的沧海桑田。20世纪以前，这里是牧民的理想牧地。1901年，沙俄在中国境内修筑连接西伯利亚大铁路和乌苏里铁路的东清铁路（后称中东铁路，即今滨洲铁路），并在这里建成了车站。此站是从俄国进入中国境内的首站，定名为满洲站。俄语把“满洲”译为“满洲里亚”，当把这个俄语音译转写成汉语时，便去掉了发音很轻的尾音“亚”，而成为“满洲里”。

中国机车使用的铁路窄轨和俄罗斯机车专用的宽轨，将满洲里与毗邻的俄罗斯后贝加尔边疆

作业车辆在满洲里口岸铁路车站集装箱场内装卸集装箱。（彭源 摄）

区连在一起，使满洲里不但成为第一欧亚大陆桥的枢纽，还成为中国最大的陆路口岸。

这里连接西伯利亚大铁路及中国东北铁路网，货物运输向西可达欧洲，向东通过港口可抵达日本、韩国等，交通十分便捷，如今已成为中欧班

列东通道的重要节点。从中国多地发出的中欧班列在满洲里“歇脚”之后，便踏上万余公里的旅程。

鲜为人知的是，看似边远的满洲里却见证了国内外发生的一些重大历史事件。

俄国十月革命后，中国产生了一大批具有初步共产主义思想的知识分子。他们为了探索民族解放之路，克服重重困难，途经满洲里，赴苏俄考察，了解十月革命的经验，学习马克思主义。为支持中国革命，共产国际向中国派出大批代表和军事顾问，其中大多数人也从满洲里进入中国。

中国共产党成立后，为加强与共产国际和苏联的联系，开辟了多条通往苏联和共产国际的秘密交通线，其中一条就是从上海乘轮船到大连，然后乘火车到哈尔滨，经满洲里或绥芬河去苏联的线路。经哈尔滨和满洲里通往苏联的线路是一条形成时间较早、持续时间较长、发挥作用较大的秘密交通线。当时，满洲里国际秘密交通站地处中苏交界，因而成为这条红色之路上的一个重要枢纽。从满洲里出入境的中国共产党早期领导人有李大钊、刘少奇、瞿秋白、周恩来、李立三等。

满洲里境内的二卡国家湿地公园与俄罗斯隔湖相望。二十世纪二三十年代，共产国际与中国共产党建立的国际秘密交通线和交通站中，二卡水上秘密交通线是其中之一。

满洲里红色国际秘密交通线教育基地

满洲里夜景（任军川 摄）

如今的满洲里，和谐而安宁。特别是在冬季，当气温骤降、雪越积越厚时，冰雪狂欢才正式开始。无论是天真可爱的孩子，还是童心未泯的成年人，大家总能在这里把冰雪玩出花样来，马拉爬犁、雪地摩托，滚雪球、打雪仗，尽情释放、尽享欢乐……

二连浩特：

古驿站的前世今生

扫码获取
配套视听资源

二连浩特：古驿站的前世今生

辽阔无垠的荒漠草原，一条公路笔直北上，通往与蒙古国交界的边境小城二连浩特。不经意间，数十座造型各异、栩栩如生的恐龙雕塑相继出现在道路两旁，它们撕咬着，追逐着，嬉戏着……

国道东侧的恐龙大多向这座城市奔跑，西侧的则成双成对反方向离去，有的回头张望，似乎依依不舍。即将进城时，两座曲首张颌、浪漫相吻的腕龙雕塑状如拱形，横跨公路，成为迎接八方宾客的市门。

这些灵动的雕塑使荒漠草原少了几分深沉与萧索。清末姚明辉编著的《蒙古志》这样描述二连浩特一带当年的情景：“逾阴山涉沙漠，地势洼下。漠中飞尘迷目，积沙没胫，渺茫无垠，满目荒凉，但见童岩秃丘，累累突兀于沙中而已。”

如今有了这些精灵的陪伴，茫茫荒野不再孤寂。听雕塑创作者、旅法艺术家金双双说，他的创意源于二连浩特东北 9 公里处二连盐池附近埋藏的白垩纪恐龙化石。当时，他在发掘现场支起帐篷，与化石“独处”了一个月。一天深夜，耳边仿佛

二连浩特恐龙景观大道旁的恐龙雕塑（海拉 摄）

二连浩特恐龙门（唐召明 摄）

传来恐龙的吼声，那声音自然、淳朴而又充满力量，深深震撼了他。

白垩纪恐龙化石不仅吸引艺术家，还令古生物和地质学家着迷。1893 年，俄国地质学家奥勃鲁切夫首次在二连浩特地区发现了产恐龙化石的地层。1922 年，美国自然历史博物馆“中亚古生物考察团”在二连浩特地区发现大量哺乳动物化石及恐龙和恐龙蛋化石，并证实恐龙是卵生爬行动物。

在百余年的发掘研究过程中，这里总能带给

人们惊喜。19 世纪 90 年代至今，二连浩特发现了巨盗龙、盘足龙、鸭嘴龙、似乌龙等恐龙化石 10 多种，在国际古生物学界引起轰动。

然而，人类对恐龙的演化与灭绝依然存疑，每年都有一些古生物学者到二连浩特求解关于恐龙的种种谜团。我们好奇地走进二连盆地白垩纪恐龙国家地质公园的恐龙化石埋藏馆，只见半米厚的堆积层上，数不清的大小恐龙骨骼化石相互叠压、混杂，俨然一番“恐龙墓地”的景象。听说这些恐龙可能毁灭于白垩纪晚期突发的自然

一列中欧班列驶出二连浩特国门。（郭鹏杰 摄）

2020 年 10 月 22 日，从蒙古国扎门乌德口岸出发的货车分批次运载蒙古国“捐赠羊”驶入中国内蒙古二连浩特口岸。（彭源 摄）

灾害。作为恐龙的栖息地，想必那时的二连浩特水草丰美、树木繁茂，这或许又跟二连浩特“色彩斑斓的城市”之意有着某种联系。

物换星移，沧海桑田。辽金时期，这里是北方一些部落的游牧之地。到了蒙古汗国和元朝时期，这里又是连接大漠南北的驿站，史称“玉龙栈”。途经这里的人们在历尽清冷与荒芜之后，终于能享受到驿站的温暖。这座驿站后来又成为张家口到库伦（今蒙古国乌兰巴托）的驿路——张库大道的中转站。

清顺治元年（公元 1644 年）张家口修筑大境门，张库大道由此兴盛。康熙二十八年（公元

1689年）中俄《尼布楚条约》签订后，一条始于福建、湖南等地，经湖北、河南、山西、河北、北京以及内蒙古呼和浩特、二连浩特，进入乌兰巴托，过俄国恰克图，终点抵达莫斯科及圣彼得堡的商路，因茶叶贸易而日渐繁华。这条路被称为“茶叶之路”或“万里茶道”。

内蒙古旅游暨“万里茶道”国际旅游推介活动中，中俄蒙三国旅游企业签约。（内蒙古画报社 供图）

18世纪早期，俄国人在中国采购的产品种类繁多，有茶叶、牲畜、皮革、丝绸、瓷器等。当时的二连浩特也被赋予“伊林驿站”之名。

赶着骆驼的中国商人带着茶叶、丝绸、瓷器，从中原地区来到伊林驿站，稍事休整后，再一路

穿过大漠、草原和西伯利亚的茫茫森林，最终到达欧洲。如“走西口”和“闯关东”一样，旅蒙商人的道路充满艰辛。有记载说，张家口至恰克图地广人稀，数日不见水源，冬季朔风呼啸，春秋风沙漫天。

光绪十五年（公元1889年），清政府架设张家口至库伦的通信线路，在此设电报局，并将该地标入当时的地图集，名曰“二连”。1918年，张家口旅蒙商人创办大成张库汽车股份有限公司，开通张家口至库伦的汽车运输线路，二连浩特成为其重要站点之一，站名为“滂北”。

中华人民共和国成立后，1953年，集二铁路

二连浩特晚霞（内蒙古画报社 供图）

（集宁—二连浩特）正式动工修建，1956年建成并实现货物联运。1960年，由中国铁路部门提供客车和乘务工作的北京—乌兰巴托—莫斯科国际旅客列车正式运行，二连浩特也从草原驿站变身为国际枢纽。

过往的驼队消失在历史的尘埃中，取而代之的是装满货物的中欧班列，它们在二连浩特“小憩”之后，或踏上远赴欧洲的旅程，或风尘仆仆回到它们出发的地方。

除了铁路运输，二连浩特的公路交通也独具特色。大街上时常可见挂着蒙古国牌照的“嘎斯

二连浩特公路口岸（王大江 摄）

69”越野车。我们去毗邻的蒙古国扎门乌德探访时发现，很多居民家都有“嘎斯 69”。驾驶员几乎每天都要到二连浩特采购服装、鞋帽、电器等日常生活用品，把车里塞得满满的，甚至一天可以往来穿梭两三次。

在大街小巷，商铺的牌匾都会用三种文字展示，汉字、传统蒙古文以及蒙古国通用的西里尔蒙古文。中国的生意人多少都会说些蒙古语，经常来访的蒙古国朋友也会说点汉语。

而在 20 世纪 90 年代初，随着开放的大门越敞越大，越来越多蒙古国、俄罗斯及东欧多国的商人同中国商人在此交易，由于语言不通，买卖双方几乎不说话，而是打手势，一掌为 5 元，一掌正反或两掌是 10 元；或在计算器上打数字，卖主将价格打在计算器上，买主如果嫌贵便重新按计算器，点头表示成交，摇头则作罢。当地人把

在二连浩特口岸，蒙古国商人驾车排队出境。（连振 摄）

这样的交易趣称为“手语生意”。

眼下，人们通过语言学习，把以往的“手语生意”变成“口语生意”，甚至通过跨境电商，发展起了依靠电脑和手机的“手指生意”。

贸易的形式和内容不断升级。近几年，为了让更多蒙古国优质商品走进国内百姓家，二连浩特还建设了高标准的边民互市贸易区。

我们在互贸区一家蒙古国商品超市看到，货架上整齐摆放着咖啡、果茶、蜂蜜等食品。来自蒙古国的恩和宝力道是店老板，曾在乌兰巴托的写字楼里上班，如今成了往返于中蒙两国的商人。早上 9 点多，他从扎门乌德出发，乘车十几分钟就到了互贸区，然后把从蒙古国采购的商品摆上

蒙古国留学生在内蒙古学习乐器。（马建荃 摄）

货架，开始营业，下午 5 点钟关门回家。虽然比之前辛苦许多，但收入也高了不少。

二连浩特的学校、医院也深受蒙古国朋友的青睐。蒙古国女孩孟和托娅是二连浩特市蒙古族学校的留学生，她的姐姐经营着一家蒙古族服饰店。孟和托娅告诉我们，老师和同学对她很照顾，上学期成绩很好，获得了一等奖学金，她就用其中一些钱买来毛笔、墨汁和宣纸，分别用汉字和西里尔蒙古文写下“好邻居，好伙伴”，贴在墙上，祝愿两国友谊长存。我们还在当地医院的诊疗和康复科室遇到享受绿色通道、减免医药费的蒙古国民众，不少人跟医生、院长处成了朋友，把来二连浩特就当作走亲戚一样自然，因为这里的环境与蒙古国相似，这里的人们淳朴，这里还有许多值得体味的悠远与温情。